中等职业教育素质教育课教材

# 中职生应用文写作

主编　钟长祥　曾　曦　章　婧

天津大学出版社
TIANJIN UNIVERSITY PRESS

## 内容简介

本书是基于《中等职业学校语文教学大纲》的要求编写而成的，结合应用文的写作特点和写作要求，从中职生写作的角度出发，系统地分类介绍了不同种类应用文的基础知识及具体写作方法。

全书共分 10 个学习情境进行讲述，分别介绍了书信、条据、书表、礼仪文书、启告文书、宣传文书、法律文书、契约文书、公文以及其他常用应用文的特征及写作方法。

本书体例新颖，内容丰富，结构活泼，每种公文均配有相关写作范例，方便学习者理解写作知识以及作为写作参考。本书不但可以作为中职院校学生的写作教学用书，也可作为企事业单位文案工作人员的工具书。

**图书在版编目（CIP）数据**

中职生应用文写作 / 钟长祥，曾曦，章婧主编 .-- 天津：天津大学出版社，2024. 8. -- ( 中等职业教育素质教育课教材 ). -- ISBN 978-7-5618-7801-9

Ⅰ. H152.3

中国国家版本馆 CIP 数据核字第 20246C30Z7 号

**中职生应用文写作**

ZHONGZHISHENG YINGYONGWEN XIEZUO

出版发行　天津大学出版社
地　　址　天津市卫津路 92 号天津大学内（邮编：300072）
电　　话　发行部：022-27403647　邮购部：022-27402742
网　　址　www.tjupress.com.cn
印　　刷　河北鑫彩博图印刷有限公司
经　　销　全国各地新华书店
尺　　寸　787 mm×1 092 mm　1/16
印　　张　12
字　　数　249 千字
版　　次　2024 年 8 月第 1 版
印　　次　2024 年 8 月第 1 次
定　　价　36.80 元

# 编委会成员

**主　编**　钟长祥　曾　曦　章　婧

**副主编**　王　辉　王晓格

**参　编**　张毅华

# PREFACE 前言

在新的时代背景下，我们需要不断提升自身的综合素质，以适应社会发展的需求。对于中职生，应用文写作是一项非常重要的基本技能。它不仅能帮助我们更好地表达自己的思想和观点，还能提高我们的语言表达能力和逻辑思维能力。

应用文写作是目前中职学校实用性很强的一门课程，也是每个现代人必须掌握的工具和技能。因此，无论是在校学习期间，还是在毕业后的工作、生活中，每个人都必须学会且能够写好应用文，这样才能适应21世纪知识经济社会的要求。本书着眼于中职生在日常的学习和生活中经常使用的应用文，不但为他们的校园学习和生活提供切实的帮助，同时也为他们走向社会后的写作实践打下基础。

该书以二十大精神为背景，结合中职教育的特点和实际需求，系统地介绍了应用文写作的基本知识和技巧。本书选取的是中职生在学习、工作、生活中使用频率较高的多种常用文种，共分10个学习情境进行应用文的写作指导。其中，包含具体写作知识和技巧。学习情境1是书信，学习情境2是条据，学习情境3是书表，学习情境4是礼仪文书，学习情境5是启告文书，学习情境6是宣传文书，学习情境7是法律文书，学习情境8是契约文书，学习情境9是公文，学习情境10是其他常用应用文。通过阅读本书，中职生可以更好地掌握应用文写作的基本要求和规范，提高写作水平，为未来的职业发展打下坚实的基础。

编者在编写本书的过程中，参考了大量的文献资料，并援引、借鉴、改编了最新的研究成果和训练素材。每一个应用文文种的后面都附有写作范例，方便中职生的理论学习与实践。同时，本书打破了传统应用文写作从内容入手的编排体例，理论结合实际，中间穿插“小提示”“知识链接”等丰富的知识点，令中职生学习起来不产生乏味感。

由于编写时间仓促以及编者自身水平所限，书中疏漏之处在所难免，欢迎广大读者及专家学者批评指正。

# 前言

CONTENTS 目录

# 学习情境 1

# 书信

### 情境导入

**表扬信**

尊敬的校领导：

6月24日中午，我在×××第一中学接儿子时，不慎将钱包遗失，甚幸被贵校高二年级一班的××同学捡到。他没有忙于赶回家，而是拿着钱包返回学校交给了老师。之后，门卫人员依据身份证上的地址将钱包送至我的家中。至此，我深深被××同学这种拾金不昧、舍己利人的高尚品质感动，这种行为是应大力提倡和鼓励的。

感谢×××第一中学的校领导、老师以及孩子的家长培育出这么杰出的少年，更感谢××同学，且祝他学习进步。

顺祝

工作顺利。

×××

20××年7月8日

### 案例导航

这是由学生家长发出的一封表扬信，表扬信标题单独由文种名称“表扬信”组成。该表扬信是写给校领导的，在称呼中加敬语，语言得体。

正文的内容另起一行，空两格写。格式符合表扬信的要求，并且写出了下列内容。

（1）表扬的理由。

（2）行为的意义。

在落款部分，写明了写信人的姓名，并在右下方注明成文日期。

综上，这是一封行文合格的表扬信。

**学习目标**

◎ 知识目标

了解书信的相关知识。

了解专用书信的种类。

◎ 能力目标

掌握一般书信的写法。

能够独立书写常用专用书信。

◎ 素质目标

培养学生的写作素养。

培养学生的自主学习意识。

**思政目标**

通过对书信的学习，认识书信的重要性，提升对汉字文化的自信心和自豪感，加深家国情怀。

# 学习单元 1.1　一般书信的写法

## 1.1.1　书信概述

### 1. 书信的概念

书信，是个人与个人之间、个人与单位之间、组织与单位之间，借助文字交流思想感情或互通情报的一种应用文体。

### 2. 书信的分类

按用途，书信可以分为一般书信和专用书信。专用书信又分为介绍信、证明信、感谢信、慰问信、表扬信等。

### 3. 书信的构成及格式

书信一般包括称呼、正文、落款三个部分。

（1）称呼。称呼表明写信人与收信人之间的关系，应单独成行，顶格书写，以示尊敬。称呼之后加冒号，以示引起正文。

（2）正文。正文另起一行，空两格写。正文通常由问候语、主体部分、结尾三个部分组成。问候语可以独立成行，也可以后接正文的主体部分。主体部分是书信的主要部分，寄信人要向收信人回答、询问、叙述自己想说的话，要写得详细清楚。结尾一般写表示祝愿或敬意的话，如“祝你健康”“此致敬礼”。祝愿语应因人、因事而定，绝不能滥用。

（3）落款。落款包括署名和日期。署名：在书信正文的下一行，靠右写上写信人的姓名。日期：在姓名的下一行，靠右写上发信的年、月、日，以便收信人查找。

## 1.1.2 一般书信的写法

### 1. 信封

（1）收信人地址。横式信封，收信人地址写在左上角，在收信人邮政编码下一行空两格开始书写；竖式信封，收信人地址写在右上角，在收信人邮政编码左侧，竖着写。

无论是横式信封，还是竖式信封，收信人地址都由大到小逐一书写，如省（自治区、直辖市）、市、县、乡、村。

（2）收信人。横式信封，收信人写在收信人地址下一行、信封正面中间；竖式信封，收信人写在收信人地址的左边一行，竖着写。字可稍大一些。

收信人姓名后可加称呼。称呼是给邮递员的提示，因此不能用信中的称呼，如“爸爸”“妈妈”等。如果不便使用其他称谓，直接写上名字也可。其他人通用尊称，如“先生”“女士”“小姐”“同志”，写在姓名后面一至三个字的空白处。

习惯上在称呼之后加开启语，通常用“收”“启”“拆”，不宜加括号，也可以不写。表示尊敬可写“大启”“台启”，给晚辈的信多用“收”“青览”，给公务机关的信可用“公启”。如希望某人亲自阅读可用“亲收”“亲启”“亲拆”，至亲家信大都用“安启”。给女士的信亦可用“展”“玉展”“惠展”等。

（3）寄信人地址。寄信人地址是对回信的提示，也是由大写到小。横式信封，写在信封的右下角；竖式信封，写在信封正面左下方。

### 2. 信笺

（1）称呼。顶格写在书信的左侧第一行，后加冒号。

（2）问候语。写在称呼下一行，空两格，单独成行。如“您好”“近来身体好吗”等。

（3）正文。写在问候语的下一行，首句空两格，根据内容适当分段。一般采取“一事一段”或“一段一事”的写法。

（4）祝福语。表示祝愿、敬意的一种礼貌语言。分两部分写，前半部分紧接正文之后或另起一行，空两格写上“敬祝”“祝您”等；后半部分换行，顶格写上“身体健康”“万事如意”。现在，大多数人喜欢用“此致敬礼”作祝颂语，一般不用标点符号。有的人喜欢将祝颂语写得特别大，这是不礼貌的。

（5）署名。另起一行，将写信人的名字写在正文的右下方。如信纸空白较多，以离开结尾两三行为宜。给长辈的信，可以写上自己的辈分加上名字或在名字后面写“上”或“敬上”；父母给子女写信可以不署名字，只写辈分；可用“父字”“父示”“母手书”“母亲笔”等。

（6）日期。写在署名下一行，并与之对称。一般只写月、日，重要的信件要写年、月、日，以备查。

### 3. 写作规范

书信的写作规范是约定俗成的，具体要求如下。

（1）单字不成行，即一行不能只有一个字。

（2）单行不成页，即一页纸不能只有一行字。

（3）通幅至少要有几行写到底，不宜行吊脚。

（4）不能用红笔或铅笔写信。用红笔写信，代表绝交；用铅笔写信，有轻慢之意。

※【小提示】

**一般书信的不同称呼用语**

称呼用语，也称“起首语”，是对收信人的称呼。称呼要在信纸第一行顶格写起，后加冒号，冒号后不再写字。称呼和署名要对应，明确自己和收信人的关系。称呼可用姓名、称谓，还可加修饰语或直接用修饰语作称呼。这里简要说明几条细则，具体如下。

（1）给长辈的信。若是近亲，就只写称谓，不写名字，如“爸”“妈”“哥”“嫂”等；若是亲戚关系，就写关系的称谓，如“姨妈”“姑妈”等。对非近亲的长辈，可在称谓前加名或姓，如“赵阿姨”“黄叔叔”等。

（2）给平辈的信。夫妻或恋爱关系，可直接用对方名字、爱称，或加上修饰语，也可直接用修饰语，如“丽”“敏华”“亲爱的”等；给同学、同乡、同事、朋友的信，可直接用名字、昵称或加上“同学”“同志”，如“瑞生”“老纪”“小邻”“三毛”等。

（3）给晚辈的信。一般直接写名字，如“乐毅”“君平”“阿明”等；也可在名字后加上辈分称谓，如“李花侄女”等；还可直接用称谓作称呼，如“孙女”“儿子”等。

（4）给师长的信。通常只写其姓或其名，再加“老师”两字，如“段老师”“周师傅”“宏海老师”等。对于十分熟悉的师长，也可单称“老师”“师父”。假如连名带姓，在信首直称“孙松平老师”“王达夫师父”，就显得不大自然且欠恭敬。对于学有专长、德高望重的师长，往往在姓后加一“老”字，以示尊重，如“戴老”“周老”，亦可在姓名后加“先生”二字。为郑重起见，也有以职务相称的，如“董教授”“陈大夫”“佟工程师”等。

（5）给单位或多人的信，又不指定姓名的，可写“同志们”“诸位先生”“××等同志”等。给机关团体的信，可直接写机关团体名称，如“××委员会”“××公司”。致机关团体领导人的信，可直接用姓名，加上“同志”“先生”或职务作称呼，亦可直接在机关团体称呼之后加上“领导同志”“负责同志”“总经理”“厂长”等。

如果信是同时写给两个人的，两个称呼应上下并排在一起，也可一前一后，尊长者在前。

# 学习单元 1.2　专用书信的种类及写法

## 1.2.1　介绍信

### 1. 介绍信的概念

介绍信是机关、团体、企事业单位派出人员到其他单位联系工作、了解情况或参加各种社会活动时使用的一种专用书信。

### 2. 介绍信的分类

介绍信有两种类型：一种是印好格式的介绍信，用时按空格填写即可；另一种是用公用信笺书写的介绍信。

**3. 介绍信的特点**

介绍信主要用于证明派出人员的身份，一般都有固定的模式和时间要求，且简明扼要。因此，其特点可概括为证明性、模式性、时效性、简便性。

**4. 介绍信的构成及格式**

介绍信一般由标题、称谓、正文、落款四部分组成。

（1）标题。直接在公文纸首行中间写上文种名“介绍信”三字。

（2）称谓。派出人员所到单位的名称。

（3）正文。写上被介绍人的姓名、性别、职务、办理事务、请予接洽等内容。

（4）落款。在右下角写上介绍人单位，加盖公章。在单位的下方，写上开具介绍信的年、月、日。

**5. 介绍信范文**

介绍信

××管理局：

兹介绍我校×××、×××等两位同志前来你处联系有关安排学生毕业实习等事宜，望接洽为盼！

此致

敬礼！

××学校（盖章）

×年×月×日

## 1.2.2 证明信

**1. 证明信的概念**

证明信是以机关、团体、个人的名义证明一个人的身份或证明有关事情的真实性的一种专用书信。

**2. 证明信的特点**

（1）凭证的特点。证明信的作用重在证明，是持有者用以证明自己身份、经历或某事真实性的一种凭证。

（2）书信体的格式特点。证明信是一种专用书信，尽管证明信有几种不同的形式，但它的写法同一般书信的写法基本一致，大部分采用书信体的格式。

**3. 证明信的构成及写法**

证明信一般包括标题、称呼、正文、落款四个部分。

（1）标题。证明信的标题通常由这两种方式构成。①单独以文种名作标题，一般就是在第一行中间冠以“证明信”“证明”字样；②由文种名和事由共同构成，一般也是写在第一行中间，如《关于 ××× 同志 ×× 情况（或问题）的证明》。

（2）称呼。要在第二行顶格写上受文单位名称或受文个人的姓名称呼，然后加冒号。有些供有关人员外出活动证明身份的证明信因没有固定的受文者，开头可以不写受文者称呼，而是在正文前用公文引导词“兹”引起正文内容。

（3）正文。正文要在称呼写完后另起一行，空两格书写。要针对对方所要求的要点写，要求证明什么问题就证明什么问题，无关的不写。如证明的是某人的历史问题，则应写清人名、何时、何地及所经历的事情；若要证明某一事件，则要写清参与者的姓名、身份及其在此事件中的地位、作用和事件本身的前因后果，也就是要写清人物、事件的本来面目。正文写完后，要另起一行，顶格写上“特此证明”四个字（也可直接写在正文结尾处）。

（4）落款。在正文的右下方写上证明单位或个人的姓名称呼，成文日期写在署名下另起一行，然后由证明单位或证明人加盖公章或签名、盖私章，否则证明信无效。

### 4. 证明信范文

**证明信**

×× 局负责同志：

王 ×× 原为我校中文系 ×× 级学生，曾担任学生会主席职务。在校期间，该生遵守学校各项规章制度，没有参加过任何不利于安定团结的活动。

特此证明！

证明人：龚 ××

× 年 × 月 × 日

## 1.2.3　表扬信

### 1. 表扬信的概念

表扬信是用来对单位或个人的先进事迹、先进行为、先进思想以及高尚品格表示赞扬的一种专用书信。

### 2. 表扬信的构成及写法

表扬信由标题、称谓、正文和落款四个部分组成。

（1）标题。一般而言，表扬信标题即文种名称“表扬信”，位置在第一行正中。

（2）称谓。表扬信的称谓应在开头顶格书写，为被表扬的机关、单位、团体或个人的名称或姓名。写给个人的表扬信，应在姓名之后加上“同志”“先生”等字样，后边加冒号。若是直接张贴到某机关、单位、团体的表扬信，开头可不必写受文单位。

（3）正文。正文的内容要另起一行，空两格写。一般要求写出下列内容。

①交代表扬的理由。用概括叙述的语言，重点叙述人物事迹的发生、发展、结果及其意义。叙述要清楚，要突出最本质的方面，要让事实说话，少讲空道理。

②指出行为的意义。在叙事的基础上进行评价、议论，赞颂该人所作所为的道德意义。如指出这种行为属于哪种好思想、好风气、好品德。

③结尾。该部分要提出对对方的表扬，或者向对方的单位提出建议，希望对其给予表扬。如“×× 同志的优秀品德值得大家学习，建议予以表扬”。写给本人的表扬信，则应适当谈些“深受感动”“值得我们学习”等方面的内容，并在结尾处写上“此致敬礼”等结束用语。“此致”另起一行空两格写，“敬礼”则再另起一行顶格写。

（4）落款。落款应写明发文单位名称或个人姓名，并在右下方注明成文日期。

### 3. 表扬信范文

**表扬信**

尊敬的 ×× 学校领导:

昨天中午，我在贵校附近不慎将手提包遗失。包内有手机一部、本人身份证等证件若干、重要文件一份。贵校高一（3）班学生周 ×× 在校门外路边捡到我的手提包后，第一时间交予在附近执勤的交警。交警通过身份证信息联系到我，让我领回了自己的手提包。

正值全国开展学雷锋运动之时，周 ×× 同学拾金不昧的行为，表现出贵校学生高尚的品质和良好的社会公德，也体现了贵校学生的精神文明素质。我除向周 ×× 同学学习外，特写信向贵校建议，请贵校对周 ×× 予以表彰。

×××

× 年 × 月 × 日

## 1.2.4 感谢信

### 1. 感谢信的概念

感谢信是为了答谢对方的邀请、问候、关心、帮助和支持而写的书信。

### 2. 感谢信的分类

（1）从感谢对象的特点来分，有以下两种。

①给集体的感谢信。这类感谢信，一般是个人在困难时，受到了集体的帮助，渡过了难关，走出了困境，所以要用感谢信的方式表达自己的感激之情。

②给个人的感谢信。这类感谢信，可以是个人，也可以是单位、集体为了感谢某机关、单位、团体或个人曾给予的帮助、照顾而写的。

（2）从感谢信的存在形式上来分，有以下两种。

①公开发布的感谢信。这种感谢信包括登报、电台广播或电视台播报的感谢信等，是公开的。

②寄往单位或个人的感谢信。这种感谢信不公开发表，直接寄给要感谢的单位或个人。

### 3. 感谢信的构成及写法

感谢信通常由标题、称呼、正文和落款四部分构成。

（1）标题。①单独由文种名称组成，即《感谢信》。②由感谢对象和文种名称共同组成，如《致 ×× 剧院的感谢信》。③由感谢双方和文种名称组成，如《×× 街道致 ×× 剧院的感谢信》。

（2）称呼。写在开头顶格处，要求写明被感谢的机关、单位、团体或个人的名称或姓名，然后加上冒号。

（3）正文。感谢信的正文从称呼下一行，空两格开始写；要求写上感谢的内容和感谢的心情。应分段写出以下几个方面的内容。

①感谢的事由。精练地叙述事情的前因后果，叙述对方的好品德、好作风。叙述时，务必交代清楚人物、事件、时间、地点、原因和结果。尤其重点叙述关键时刻，对方给予的关心和支持。

②揭示意义。在叙事的基础上，指出对方的关心支持和帮助对整个事情成功的重要性以及体现出的可贵精神，同时表示向对方学习的态度和决心。

③结尾。结尾要写上表达敬意、感谢的话，如“此致敬礼”“致以诚挚的敬意”等。

（4）落款。感谢信的落款，署上发文单位名称或发文者的姓名，并且署上成文日期。

### 4. 感谢信的写作注意事项

（1）感谢信的正文务必写清得到了哪些帮助，这些帮助又产生了哪些效果。叙述事件时，要准确无误地叙述时间、地点以及发生事件的其他详细情况。

（2）感谢信以感谢为主。感谢应真诚、朴素，表达谢意时要符合实际，说到做到。同时，表达感谢时，要照顾到感谢对象的一些诸如身份、年龄、性别、学历修养等情况，以使自己的感谢恰到好处，切实可行。

（3）感谢信在语言上要精练、简洁，遣词造句要把握好一个度；不可过分雕饰、华丽多彩，否则会给人一种虚伪之感。在篇幅上，切记不可太长。所谓话不在多，点到为止。这样，也许更有余味，更能表达出自己的感谢之情。

**5. 感谢信范文**

**感谢信**

×× 学校：

我母亲 ×× 岁，今年 × 月 × 日，从老家送我的小儿子到 ××。两人在车站外走散，老人十分着急。贵校刘 ×× 同学恰巧遇到，立即发动所有认识的同学帮忙寻找。我母亲说，学生们找了一个小时左右，在火车开车前几分钟，终于找到了我的小儿子，并将他们祖孙二人送上火车。我母亲要给他们买汽水，被他们谢绝了。贵校学生这种助人为乐的精神真值得我学习。在此，我代表我全家向贵校的这些学生表示衷心的感谢！

此致

敬礼！

×××

× 年 × 月 × 日

## 1.2.5 慰问信

**1. 慰问信的概念**

慰问信是行政机关、企事业单位、社会团体或个人对在工作中做出巨大贡献、取得优异成绩或遭遇天灾人祸、蒙受重大损失的集体或个人表示安慰、问候、鼓励和关切的专用书信。

**2. 慰问信的特点**

（1）发文的公开性。慰问信可以直接寄给本人，但大多是以张贴、登报，在电台、电视上播放的形式出现的。

（2）情感的沟通性、鼓舞性、慰问性。无论是对有突出贡献者的慰问还是对遭遇困难者的慰问，情感的沟通是支撑慰问信的一个深层基础。慰问正是通过这种或赞扬表达崇敬之情，或同情表达关切之意的方式来达成双方的情感交流和相互理解的。

### 3. 慰问信的类型

（1）致做出贡献的集体或个人的慰问信。如对抗洪抢险的解放军战士的慰问、对保家卫国的边防军人的慰问等。

（2）致遭受困难或蒙受损失的单位或个人的慰问信。如对灾区人民的慰问、对老少边区群众的慰问。

（3）节日慰问信。这是一种上级对下级、机关单位对支援群众进行的一种节日问候。这种慰问一般表示对他们以前工作的肯定和赞扬，并祝福他们在今后的工作、学习、生活中心情舒畅，取得更大的成绩。如“春节慰问”“教师节慰问”。

### 4. 慰问信的构成及写法

慰问信通常由标题、称呼、正文、落款四部分构成。

（1）标题。①单独由文种名称构成，即《慰问信》；②由慰问对象和文种名共同组成，如《给 ×× 的慰问信》；③由慰问双方和文种名共同组成，如《×× 致 ×× 的慰问信》。

（2）称呼。慰问信的开头要顶格写上受文者的名称或姓名，后加冒号。如果是写给个人的，应在姓名之后，加上“同志”“先生”等字样，如“鲁迅先生”。

（3）正文。正文要另起一行，空两格写慰问的内容。慰问信的正文一般由发文目的、慰问缘由或慰问事项、结尾等几部分构成。

①发文目的。该部分要开宗明义，写清楚发此信的目的是代表何人或何单位向何人或何集体表示慰问。如某公司工会致公司全体员工的慰问信的开头：“在这芳草萋萋、百花吐艳的日子，我们又迎来了全世界劳动者共同的节日——“五一”国际劳动节。值此佳节来临之际，公司工会向辛勤劳动、默默奉献在各个岗位的公司全体员工致以节日的问候！”

②慰问缘由或慰问事项。本部分要概括地叙述对方的先进思想、先进事迹以及战胜困难、舍己为人、不怕牺牲的可贵品德和高尚风格；或者简要叙述对方所遭受的困难和损失，以示发信方对此关切的程度，要表现出发信方的钦佩或同情之情。

③结尾。结尾表示共同的愿望和决心，如“困难是暂时的，最后的胜利一定属于我们”等。接着写祝愿的话，如“祝你们取得更大的成绩”“祝节日愉快”等。“祝”字后面的话应另起一行，空两格写，不得连写在上文末尾。

（4）落款。署上发文单位或发文个人的称呼，并在署名下方，署上成文日期。

### 5. 慰问信范文

**慰问信**

全校教职工：

我们迎来了第二十六个教师节，迎来了属于自己的节日。值此，学校工会谨向在教学、科研、管理、服务各个岗位上辛勤工作的教职工们表示亲切的慰问，并致以节日的祝贺！

一年来，学校认真贯彻落实“十四五”发展规划，稳步推进各项工作，教学工作水平在评估中获得好评，学校的发展取得了可喜的成绩。这些成绩都凝结着广大教职工的心血和汗水，镌刻着教职工的奋斗和奉献。你们在各自的岗位上兢兢业业、拼搏奋进、开拓进取、锐意创新、无私奉献，积极为学校建设和发展献计献策，将满腔热情投入教育事业之中，为学校的建设和发展做出了贡献。学校工会向你们表示崇高的敬意和衷心的感谢！

今后，学校工会将继续坚持服务于学校中心工作、服务于广大教职员工的宗旨，为广大教职工多做实事、好事，同时希望大家积极关心、支持和参与工会工作。

祝

节日快乐！身体健康！阖家幸福！万事如意！

学校工会

×年×月×日

## 1.2.6 贺信

### 1. 贺信的概念

贺信是指写给他人以表示祝贺和赞扬的信件。贺信可以用于各种场合，如生日、结婚、晋升、获奖等。

### 2. 贺信的类型

（1）上级单位或个人对下级单位或个人所发的贺信。上级行政部门、公司领导可以在节日时向下级单位或所属企业的职工、群众发出贺信；也可以在下级单位或个人取得了巨大成绩时发出贺信。一般而言，贺信在表示祝贺的同时，还要提出希望和要求。

（2）同级单位之间发出的贺信。为了加强不同单位之间的交往和合作，增强了解，互相学习，同级单位之间往往在节日到来之时，或在对方于某一方面有了较大的发展和取得成绩时，发出贺信，既表示祝贺，又给予鼓励。

（3）下级单位、职工给领导机关的贺信。这种贺信除了表示祝贺之外，还表示下级单位或个人对完成某项任务的决心。

（4）给著名人物的贺信。如行政机关、企事业单位、社会团体和领导人，在本单位或社会上著名或重要的人物，如科学家、艺术家、领导人寿辰时发出的贺信。这种贺信一般表达发信人的真诚祝愿、美好祝福。

### 3. 贺信的构成及写法

贺信一般由标题、称谓、正文和落款四部分构成。

（1）标题。贺信的标题通常由文种名构成，如在第一行正中书写“贺信”二字。

（2）称谓。顶格写明被祝贺单位或个人的名称或姓名。写给个人的，要在姓名后加上相应的礼仪性称呼，如“同志”。称呼之后，要用冒号。

（3）正文。贺信的正文包括以下几项内容。

①结合当前的形势，说明对方取得成绩的大背景，或者某个重要会议召开的历史条件。

②概括说明对方都在哪些方面取得了成绩，分析其成功的主观、客观原因。贺寿的贺信，要概括说明对方的贡献及其宝贵品质。总之，这一部分是贺信的中心，一定要交代清楚祝贺的原因。

③表示热烈的祝贺。要写出自己祝贺的心情，由衷地表达自己真诚的慰问和祝福。要写些鼓励的话，提出希望和共同理想。

④结尾。结尾要写上祝愿的话，如“此致敬礼”“祝争取更大的胜利”“祝您健康长寿”等。

（4）落款。写明发文的单位或个人的名称或姓名，并署上成文的时间。

### 4. 贺信写作注意事项

贺信要体现的是自己真诚的祝福，是加强彼此联系、增强双方交流的重要手段，所以贺信要写得感情饱满充沛。

贺信内容要真实，评价成绩要恰如其分，表示决心要切实可行；不可空发议论，空喊口号。

### 5. 贺信范文

贺　信

××××学院：

欣闻贵院喜迎建院二十周年庆典。在此，我谨代表××大学××××学院全体师生向贵院致以热烈的祝贺和美好的祝愿！

二十年风雨兼程，二十年砥砺前行。在二十年的发展历程中，贵院始终秉持“中国问题、国际视野、服务社会”的宗旨，奉行“学汇百家、公行天下”的办学理念，立足西部，服务全国，坚持为党育人、为国育才，注重学术研究和实际应用并重，在人才培养、科学研究、社会服务、国际合作等方面取得了丰硕成果，为推动中国公共管理事业蓬勃发展贡献了重要智慧与力量。

韶华似水，岁月如歌。值此廿载院庆之际，衷心祝愿贵院传承“精勤”信念，乘势而上，筑梦新时代！同时，也衷心希望贵我两院携手未来，加强合作，共谋发展，为推动新时代中国特色社会主义事业繁荣发展贡献力量。

预祝贵院建院二十周年庆典及“中国特色公共管理创新与发展”高端论坛取得圆满成功！

××××学院

×年×月×日

## 1.2.7　咨询信

### 1. 咨询信的概念

咨询信是写信人对自己不太熟悉或不理解的事情或问题，向有关部门或专家请求解答时所使用的一种专用书信。

### 2. 咨询信的分类

咨询信从呈送对象来看，可以分为以下三类。

（1）写给一些专门机关的咨询信。写信人遇到自己不熟悉的行业或部门的某些规定、政策或法律条文时，给有关部门或单位写信咨询。如向工商管理部门咨询怎样办理营业执照、向农业科技部门咨询如何鉴定某种作物种子的优劣真假等。

（2）写给媒体的咨询信。许多报纸、杂志或电台、电视台均办有一些诸如心理咨询、专家解答、读者来信等专门栏目，专门解决读者的各种疑难问题。所以，在不知道自己所咨询的问题究竟该由谁来解答，或自己的问题正符合某个媒体栏目的解疑范围时，可写信给相应媒体，由他们转给有关部门，或由他们直接回答。

（3）写给个人的咨询信。在遇到一些问题时，也可以写信给一些能回答疑难问题的专家或权威人士，直接向他们进行咨询。

### 3. 咨询信的构成及写法

咨询信通常由标题、称呼、正文、落款四部分组成。

（1）标题。咨询信的标题可以是文种名“咨询信”；也可以是一句问话，通过问话直接亮出自己的问题，如“我可以得到她的谅解吗”“他们的做法违法吗”等。

（2）称呼。称呼要顶格写上收信的单位、机关名称或收信人的姓名，如“尊敬的某某先生”“编辑同志”等，并加冒号。

（3）正文。正文通常包括以下几个方面。

①向对方如实地提出自己的问题。要求把起因、状况、结果、需要回答的问题具体清楚地写出来，以便收信人知道你所询问的问题所在，以利于对方正确地判断和回答你的问题。

②结尾。结尾可以写一些表敬意的话，如“此致敬礼”“顺祝文安”等，也可以省略不写。

（4）落款。注明写信人的姓名，并署上成信日期。有的咨询信还在落款后隔两行，再注明自己的详细地址和联络方式。

### 4. 咨询信范文

**咨询信**

尊敬的学校领导：

您好！我是××，我们公司长期与××国政府的教育部合作，现有大量××国的学生希望参加汉语夏令营。通过同行介绍，我们了解到贵校目前有汉语夏令营的项目。我们公司对该项目很感兴趣，非常希望能与贵校合作。因此，想向您了解这些情况：①学费；②课程设置；③总学时；④学生住宿安排；⑤学生学习计划；⑥学生的饮食安排；⑦课外活动安排。特此函达，即希函复。

敬请教安！

××

厦门市××信息技术有限公司

×年×月×日

## 1.2.8 推荐信

### 1. 推荐信的概念

推荐信是机关、团体、企事业单位或个人向另一单位组织或个人推荐人才时所使用的专用书信。

### 2. 推荐信的特点

（1）介绍性。推荐信主要是把被推荐人的基本情况介绍给对方。

（2）客观性。推荐信要全面地、实事求是地介绍被推荐人的情况。对优点和长处不要夸大，对缺点也不要隐瞒，要客观、公正。

（3）简明性。推荐信的作用是向有关单位或个人推荐人才。它不是表扬稿，只要有针对性地把被推荐者的主要业务能力、工作成绩和特长写清楚即可，篇幅要短小，简洁明了。

### 3. 推荐信的构成及写法

推荐信一般由标题、称呼、正文和落款四部分组成。

（1）标题。推荐信的标题一般由文种名构成，即在第一行正中写上“推荐信”三个字。若写推荐信同收推荐信双方关系较熟，则也可以不要标题。

（2）称呼。推荐信要在第二行顶格写上收信方的姓名和称呼，或只写收信方的职务，如“尊敬的 ×× 局局长”。

如果推荐人同收推荐信的人是熟人、朋友，则也可以用常见的私人信件一样的称呼，如“英华兄”。

（3）正文。推荐信的正文由开头、中段和结尾三部分构成。

①开头。推荐信的开头既可以先问候一下对方，略叙思念之情，也可以开门见山直说其事，这要视推荐者和对方的关系而定。假如推荐者和对方见面较多，关系也较为密切，就无需太多的客套话了。要在开头介绍推荐人的身份，以及推荐人同被推荐人之间的关系。同时，说明写此信的意图。

②中段。中段是推荐信的展开部分，要针对用人单位的实际需求，介绍被推荐人的一些情况，如学历学位、专业特长、外语水平、业务能力以及其他能力，以使对方能通过引荐信对被引荐人产生好感，从而达到推荐人才的目的。

如果是自荐信，更要写明自己在原来岗位未能发挥或没有机会发挥的潜能和特长。

③结尾。再次表达自己希望能办成此事的愿望，恳请领导给予被推荐人工作或晋升机会，并向对方致以感激、祝福之情。结尾处，也可附上一些展示被推荐人业绩的材料。

（4）落款。在正文右下方署上推荐人的姓名以及成文日期。有些推荐信还可以注明推荐人的详细通信地址，以备以后必要时的联系之用。

### 4. 推荐信范文

**自荐信**

尊敬的领导：

您好！

我是××大学××系的一名学生，即将面临毕业。

××大学是我国××人才的重点培养基地，具有悠久的历史和优良的传统，并且素以治学严谨、育人有方而著称；××大学××系则是全国××学科基地之一。在这样的学习环境下，无论是在知识能力，还是在个人素质修养方面，我都受益匪浅。四年来，在师友的严格教育及个人的努力下，我具备了扎实的专业基础知识，系统地掌握了××、××等有关理论；熟悉涉外工作常用礼仪；具备较好的英语听、说、读、写、译等能力；能熟练操作计算机办公软件。同时，我利用课余时间广泛地阅读了大量书籍，不但充实了自己，也培养了自己多方面的技能。更重要的是，严谨的学风和端正的学习态度塑造了我朴实、稳重、创新的性格特点。

此外，我还积极地参加各种社会活动，抓住每一个机会，锻炼自己。大学四年，我深深地感到，与优秀学生共事，使我在竞争中获益；向实际困难挑战，让我在挫折中成长。祖辈们教我勤奋、尽责、善良、正直；××大学培养了我实事求是、开拓进取的作风。我热爱贵单位所从事的事业，殷切地期望能够在您的领导下，为这一光荣的事业添砖加瓦；并且在实践中不断学习、进步。

收笔之际，郑重地提一个小小的要求：无论您是否选择我，尊敬的领导，希望您都能接受我诚恳的谢意，祝愿贵单位事业蒸蒸日上。

×××

×年×月×日

**推荐信**

××报社：

×××同学，男，28岁，是我校文艺学专业的在读硕士研究生，今年六月即将毕业。他在读本科期间，曾系统学习了新闻专业的主要课程；在读研期间除发表多篇本专业的学术论文之外，还多次发表其他文章。其中，两篇文章还刊登在《人民日报》和《中国青年报》的重要栏目上。他的学位论文已经通过评审，即将获得硕士学位。

×××同学在校表现优秀，学习刻苦，作风正派，有吃苦耐劳精神；外语水平较高，已通过英语六级考试。

贵报最近正在招聘新闻采编人员，×××同学也有志于从事新闻事业。为此，特向贵报郑重推荐×××同学。如能被录用，我相信他会在新闻战线上取得突出成绩。

××大学中文系教授：×××
×年×月×日

**知识链接**

### 出国留学推荐信怎么写

我们也知道，出国留学推荐信是非常重要的，对今后奖学金的申请有一定的影响。出国留学推荐信的目的，是通过国内专家向对方介绍申请人的学习和专业方向等情况。多数学校都要求申请人提交两封到三封的推荐信。

1. 选择推荐人

推荐信是了解申请人的重要依据。申请人可以选择现在或以前的老师、班主任作为推荐人。推荐人必须熟悉学生的学习情况，了解学生的学习目的，了解学生的适应能力、创造能力、品行和特长。

2. 出国留学推荐信的内容

（1）被推荐人的基本情况介绍。侧重于个人的毕业时间、学校以及个人的经历。

（2）推荐人对被推荐人的基本评价。侧重于被推荐人的学习基础、个性、特点。

（3）推荐人可以着重介绍被推荐人曾经获得的奖励，以及曾在学生组织或学术团体中的任职等来支持自己的评价。

（4）推荐人还必须清楚地表明被推荐人留学的身份、专业领域等。

（5）如果大学提供了现成的推荐表格，则必须认真逐项填写。在推荐表格中，一般都会有“学生综合评估”一项，即要求推荐人说明该生在其所教的学中应列为前 5%、10% 或 25% 等。这种评估是指教授的个人评价，可以稍高一点。

（6）推荐信结尾，必须有推荐人的亲笔签名。推荐信最好直接由推荐人寄给目标留学学校招生办官员或所申请就读专业的系主任。如果由被推荐人寄送，可将推荐信装入信封内封好后，由推荐人在信封口处亲笔签名以示保密。信封正面注明“A Letter Of Recommendation”，表明这是一封推荐信。

看了上面的介绍之后，大家对留学推荐信怎么写这个问题应该有了比较清楚的了解。在出国留学申请中，有说服力的推荐信是申请人被成功录取的重要条件之一，所以，准备出国留学的人员一定要高度重视。

## 1.2.9　辞职信

### 1. 辞职信的概念

辞职信是辞职者向工作单位辞去职务时写的书信，也叫辞呈。

### 2. 辞职信的构成及格式

辞职信通常由标题、称呼、正文、结尾和落款五部分构成。

（1）标题。一般以“辞职信”或“辞职申请”为标题。标题要醒目，字稍大。

（2）称呼。要求在标题下一行顶格处，写上接收辞职信的单位组织或领导人的名称或姓名称呼，并在称呼后加冒号。

（3）正文。正文内容一般包括三部分。首先要开门见山地提出申请辞职。其次申述辞职的具体理由，该项内容要求将自己有关辞职的详细情况一一列举出来，但要注意内容的单一性和完整性，条分缕析，使人一看便知。最后要表示自己辞职的决心并提出个人的具体要求以及希望领导解决的问题等。

（4）结尾。结尾可以写上表示敬意的话，如“此致敬礼”等。

（5）落款。在全文的右下角，写上辞职人的姓名及提出辞职申请的具体日期。

### 3. 辞职信的写作注意事项

（1）辞职信带有请求的性质，在写作时，除了充分说明理由、书写有条理外，还应态度恳切，这样才会有说服力。

（2）辞职是一件非常严肃的事情，因此在写作之前，应对单位和本人双方的利益做周密的考虑。

（3）详略要得当。有关部门和领导已经了解的情况，可以不写或者略写；不清楚的问题，要详写；全然不了解的情况，要重点去写。

（4）学会在辞职信中表达感谢。俗话说：山不转水转。辞职者在原单位的工作经历将会成为履历中的一部分，很难说，何时会需要此任上司的介绍信或帮助，所以，应在辞职信中向曾经一起工作过的上司表示感谢，即使辞职者很生气或不高兴，也要找些好的方面说。

#### 4. 辞职信范文

**辞职信**

尊敬的领导：

我很遗憾自己在这个时候向公司正式提出辞职。

来到××公司也快两年了，正是在这里我开始踏上了社会，完成了自己从一个学生到社会人的转变。其中，有过欢笑，有过收获，也有过泪水和痛苦。公司平等的人际关系和开明的工作作风，一度让我有了找到依靠的感觉。在这里，我能开心地工作，开心地学习，但是工作上的毫无成就感，总让我彷徨。

我也很清楚，这时候向公司提出辞职，于公司、于自己都是一个考验。公司正值用人之际，新项目启动，所有的前期工作在公司上下极力重视下一步步推进。然而，也正是考虑到公司今后在这个项目上安排的合理性，本着对公司负责任的态度，为了不让公司因我而造成决策失误，我郑重向公司提出辞职。

能为公司效力的日子不多了，我一定会站好自己最后一班岗，做好项目开始前的属于自己的所有工作，尽力让项目做到平衡过渡。

离开公司，离开这些曾经同甘共苦的同事，我很舍不得，舍不得领导们的谆谆教诲，舍不得同事之间的真诚和友爱。愿公司在今后的发展中发挥优势，扬长避短，兴旺发达。

申请人：×××

×年×月×日

**知识拓展**

**古代书信常用词语**

1. 启始

惠书敬悉，甚以为慰。

顷接大示，如见故人。

久不通函，至以为念。

前上一函，谅已入鉴。

近屡奉笑，至感厚谊深情。

接获手书，情意拳拳，至不欢愉。

数奉手书，热情诚挚之情，溢于言表。

日前曾奉尺牍，意其已抵左右。

捧读知己惠书，音容笑颜，历历在目。

昨得书笺，反复读之，深情厚谊，感莫能言。

2. 思念

别后月余，殊深驰系。

睽违日久，拳念殷殊。

分手甚久，别来无恙。

故园念切，梦亲神驰。

握别以来，深感寂寞，近况如何，甚念。

鸿雁传来，千里思尺，海天在望，不尽依依。

相距甚远，不能聚首，转寄文墨，时通消息。

别亦良久，甚以为怀，何日重逢，登高延企。

奉读惠书，宛如天外飞来，回首往事，不啻依稀如昨。

长怀盛德，聊吐愚衷，谨凭鸿雁之传，伫望白云之信。

3. 钦佩

大示拜读，心折殊深。

久钦鸿才，时怀渴谒。

德宏才羡，屡屡怀慕。

久慕英才，拜谒如渴。

顷读诲语，如闻金玉良言，茅塞顿开。

谨蒙诲教，疑或冰释，胜似春风甘霖灌顶。

恩师才高八斗，学富五车，泰山北斗，谁不思慕。

蒙惠书并赐佳作，浩如河汉，理至还必须真，拜服之至。

嗣后如有所见，或有新作，望莫遗愚友之驽，尚请随时见示为盼。

先生德高望重，文才武略，贯古今之论，晓中外之文，下风引领，敢不拜嘉。

4. 问病

闻君欠安，甚为悬念。

顷闻您卧榻数日，心甚系念。

闻君甚念，无奈事务缠身，未能前来请安，恳请慎疾自爱。

知尊恙复发，恳祈暂停公务，苓参进，调养莫误，甚念甚念。

尊恙已大愈否？贵体新痊，望珍摄自重，衣餐增适，动定咸宜。诸唯珍重，皮之不存，毛岂附焉，来日方长，重望珍重。

尊恙愈否，念念。

欣闻贵体康复，至为慰藉。

重病新愈，望调养有序，节劳为盼。

闻君抱恙，不胜悬念，特函问候，祝早日康复。

5. 时令问候

春寒料峭，善自珍重。

阳春三月，燕语莺歌，想必神采奕奕。

炎暑日蒸，千万珍重。

盛暑之后，继以炎秋，务望尚自珍为盼。

秋色宜人，望养志和神。

秋风萧萧，至祈摄卫。

日来寒威愈烈火，伏维福躬无恙。

寒风苦雨，恳请厚自珍爱。

近闻贵地大风暴雨，家居安否，念念。

朔风突起，寒潮逼至，想寓中均安？

## 学习案例

**感谢信**

×× 部队全体指战员：

我省今年遇到特大地震灾害。在万分危急的情况下，你部全体指战员发扬了无私无畏的战斗精神，同我省人民并肩作战，赢得了抗震救灾的巨大胜利。你们这种勇于牺牲、顽强拼搏的精神永远值得我们学习。为此，特向你们表示衷心的感谢！我们决心在党中央的领导下，努力工作，领导全省人民搞好灾后建设，尽快恢复生产，以实际行动报答你们的支持和关怀，为祖国的繁荣昌盛而努力奋斗。致以最诚挚的谢意！

××省人民政府

×年×月×日

◆ 想一想

感谢信应该怎样写？

◆ 案例分析

感谢信由标题、称谓、正文、结尾、落款组成。这封感谢信，正文首先写感谢的缘由，再赞扬××部队全体指战员的精神，然后表示感谢，接着表明写信者的态度，最后又一次表示谢意，充分体现了写信者的真挚情感。

## 小结

学习情境 1 主要讲了书信的写法，包括两部分：学习单元 1.1 的一般书信和学习单元 1.2 的专用书信。

书信，是个人与个人之间、个人与单位之间、组织与单位之间，借助文字交流思想感情或互通情报的一种应用文体。

一般书信通常可分为称呼、正文、落款三个部分，每个部分都有一定的格式。专用书信一般要添加标题，目的明确，语言简洁。

## ◎ 单元小练

1. 填空题

（1）一般书信可分为 ________、________、________ 三个部分，每个部分都有一定的格式。

（2）推荐信具有 ________、________、________ 的特点。

2. 简答题

（1）证明信的正文部分应该怎样写？

（2）贺信的类型有哪几种？

# 学习情境 2

# 条据

## 情境导入

**借　条**

今×××（出借人）借给×××（借款人）人民币（大写数字）××元整，即￥××元。借款期限自×年×月×日起至×年×月×日止，共×个月，利率为每月×%，利息共计人民币（大写数字）××元整，即￥××元，全部本息于×年×月×日一次性偿还。如不能按期足额归还借款，借款人应向出借人支付违约金人民币（大写数字）××元整，即￥××元。

担保人确认：本人同意为借款人的上述债务向出借人承担连带责任保证，保证期限为借条出具之日起，到借款偿还期限届满后两年时止，担保范围及于所有借款本息、违约金、赔偿金、出借人实现债权的费用（诉讼费、律师代理费、差旅费、公证费及其他实际支出的费用）。本确认条款的效力独立于借条，借条无效不影响本确认条款的法律效力。

注：（1）本借条同时为借款人收记借款的法律凭证；（2）借款人与担保人的身份证复印件为本借条的附件，与本借条具同等法律效力。

借款人：________ 身份证号码：________________

担保人：________ 身份证号码：________________

借条出具时间：____年___月___日

## 案例导航

（1）为了保障使用者的权益，建议借条使用者在根据自身需要删减借条内容时，最好在专业法律人士的指导下进行。

（2）借条应由借款人亲自填写并签字确认。如有担保人，担保人也应签字确认。

（3）出借方应注意诉讼时效起算的问题。由于借条约定还款期限，2年的诉讼时效，从还款期限届满起算。

（4）根据司法解释的规定，民间借贷的利率最高不能超过同期银行贷款利率的4倍；超出部分，不受法律保护。

（5）公民间的借款对支付利息没有约定的，视为不支付利息。

（6）依据《中华人民共和国民法典》的相关规定，借款的利息不得预先从本金中扣除；利息预先从本金中扣除的，按实际借款数额返还借款并计算利息。

（7）借款人、担保人的身份证复印件，应由本人签字确认。

## 学习目标

◎ 知识目标

掌握条据的性质、特点与种类。

掌握各种类型条据的具体写法。

◎ 能力目标

能根据内容对各种条据进行辨别区分。

能根据需要书写各种条据。

◎ 素质目标

培养学生懂流程、学标准、讲规范的思想。

提高学生的逻辑素养和变通能力。

## 思政目标

通过对本情境的学习，培养学生严谨务实的态度、崇尚科学的精神，增强职业素养。

# 学习单元 2.1　条据的性质和特点

## 2.1.1　条据的性质

条据可分为便条和凭证性条据。

便条是一种简便的书信体，用来向别人说明事项。便条不用邮寄，而是托人转交、直接面交或留置交与。常用的便条有请假条、留言条和托事条等。

凭证性条据是人们在处理钱、物的过程中，为了手续清楚或作为凭证而写的字据。由于涉及钱、物的处理并具有法律效力，所以条据写作要慎重、规范，条据的交付也以直接面交为好。常用的条据有借条、欠条、收条、领条等。

## 2.1.2　条据的特点

条据的特点包括以下五个方面。

（1）一文一事，简洁明快。

（2）时间性强，不得含混。

（3）朴实无华，反对虚夸。

（4）强调手续，一清二楚。

（5）请求办事，交代明白。

※【小提示】

**凭证性条据写作注意事项**

（1）涉及的钱物数量要写清楚，数字要大写；数字前不能留空白，后面要写明计量单位，以防恶意添加或篡改。

（2）语言要避免歧义，以免造成纠纷。

（3）内容不可涂改，文面保持整洁。如确实需要改动内容，改动处必须加盖印章。

（4）字迹应工整、清楚，不要用草书，以免误认。

# 学习单元 2.2 条据的种类及写法

## 2.2.1 请假条

### 1. 请假条的概念

请假条是请求准假不参加某项工作、学习、活动的文书。

### 2. 请假条的构成及格式

请假条由标题、称谓、正文、落款四个部分构成。

（1）标题。标题即“请假条”三个字，在第一行居中书写。

（2）称谓。另起一行，顶格写请假受理人或部门，后加冒号。

（3）正文。另起一行，空两格书写。正文中要写清楚请假原因和请假具体时间。最后写“请批准”等请假辞。

（4）落款。右下角签上请假人的姓名，并写上请假日期，二者均单独成行。

### 3. 请假条写作注意事项

（1）请假条需提前写。提前写请假条几乎是所有企业对员工请假的明文（或默认）要求。当然，如果有特殊情况，如临时请假等，在事后补写请假条也是被许多企业允许的。但大多企业会对这个“事后”有一个时间限制，多为员工恢复上班的当天，或者 1 ～ 2 个工作日内。

（2）请假条要简洁明了。对于请假原因，无论是生病还是有事，均简单陈述清楚即可。对于请假时间，要写清楚起止时间和总共多少天。

### 4. 请假条范文

请假条

××老师：

我因________________，于_____年_____月_____日至_____年_____月_____日，请假_____天。请批准。

请假人：________

_____年___月___日

## 2.2.2 留言条

### 1. 留言条的概念

留言条是拜访别人而没有遇见时，或者给暂时没在家中的家人留下的说明情况的便条。有时替别人接电话后写的转告电话内容的便条，也叫留言条。

### 2. 留言条的构成及格式

留言条由标题、称呼、正文、落款四部分组成。

（1）标题。标题即“留言条”三个字，在第一行居中书写。

（2）称呼。抬头顶格写对收条者的称呼，不宜直呼其名，通常在姓后面加上尊称，如“李老师”“李先生”“张师傅”等，后面加冒号。

（3）正文。另起一行，从第三行起，前空两格，陈述所要说明的内容。一般要将所要表达的事情的各个要素（何时、何地、何人、何事）讲清楚。

（4）落款。如果是熟悉的人，只写姓加上日期就可以了；如果是不太熟悉的人，则宜写上全名和日期。

### 3. 留言条写作注意事项

（1）留言条不宜具体详细地叙述拜访的意图和事项。

（2）必须把要告诉他人的事写清楚。如需面谈，就要写明另约的时间、地点。如果时间性强，则不仅要写明年、月、日，还要写上具体时间，如几点几分。

（3）选择约定再访的时间要适宜，注意休息时间，避开吃饭的时间。

（4）语言不能生硬，要平和；内容要简短，三两句话即可。

### 4. 留言条范文

**留言条**

张老师：

有一位客人来看过您。他要我转告，请您打电话给他，号码是8430213。

小虎

×月×日

## 2.2.3 借条

### 1. 借条的概念

借条是借个人或公家的现金或物品时写给对方的条据。钱或物归还后，打条人收回条据，借条即作废。它是一种凭证性文书，通常用于日常生活以及商业管理方面。

### 2. 借条的构成及格式

借条一般包括标题、正文和落款三部分。

（1）标题。借条的标题有两种形式。一是直接由文种名构成，即在正文上方中间写上“借条”或“借据”字样；二是在空两格后写上“今借到”作为标题，而正文的其他内容放在下一行顶格写，其实这是一种省去标题的借条的写法。

（2）正文。写明事由或事实（涉及金额必须大写）。内容一定要具体，依次写清楚借方姓名，所借钱、物名称，以及数量和归还的时限（要具体写清年、月、日）。如果有利息，还要注明利率。然后，在文末加上“此据”二字。

（3）落款。落款即借方署名与日期，写在正文的右下方。署名应是借方的正式名称，而非小名、诨名或简称。正规的借条后，还应加盖借方的经手人印章。在单位、个人名称前，一般要写上“立据人”或“借款人”字样。日期必须有完整的年、月、日，不可省略。

### 3. 借条的写作注意事项

（1）凡借条中涉及数量的字均要大写，用汉字“零壹贰叁肆伍陆柒捌玖拾佰仟万”表示。数字前后不得隔太大空间，不得以数字作行尾或行头。整数后要加“整”字，以防涂改或添加。以十位开头的数字，在“拾”前必须加上基数词，如“18”应写成“壹拾捌”而非“拾捌”。所借之物要写明品牌，用准量词；所借之钱必须写明币种。

（2）归还日期必须是“××时间之内”或“××时间之前”，不可是“××时间之后”。是全部归还还是归还一部分，必须写清楚。

（3）书写时要用蓝黑墨水，以防止褪色，有利于长时间保存。

（4）特别注意，利率如果高于银行周期贷款利率的 4 倍，法律不予支持。一旦有争议，便得不到法律的保护。

### 4. 借条范文

**借　条**

今 ______（出借人）借给 ______（借款人）人民币（大写数字）______元整，即￥ ______ 元。借款期限自 _____ 年 ____ 月 ____ 日起至 ______ 年 _____ 月 ____ 日止，共 _____ 个月。利率为每月 _____，利息共计人民币（大写数字）______ 元整，即￥ ____ 元。全部本息于 ______ 年 ____ 月 ___ 日一次性偿还。

如不能按期足额归还借款，借款人应向出借人支付违约金人民币（大写数字）_______ 元整，即￥ ____ 元。

担保人确认：本人同意为借款人的上述债务向出借人承担连带责任保证。

借款人：________ 身份证号码：__________________

担保人：________ 身份证号码：__________________

借条出具时间：____年____月____日

知识链接

**写借条的几点要求**

（1）标题一定要写上“借条”二字，切莫写成“欠条”。特别注意：虽然都是钱在他人那里，但在法律上，结果却是完全不同的。

（2）一定写明“今借到 ××× 现金 ××× 元”，注明“大写 ××× 元整”。特别注意：数额的大小写要一致，如果大小写数额不一致。司法实践中会以大写金额为准。

（3）一定写正确出借人的姓名和身份证号码，同时一定要写明借款人的姓名和身份证号码，以避免发生纠纷时，再去核实借款人身份等问题。

（4）如果不能确定要求借款人什么时候归还，建议出借人不写归还日期，这样时效上可以保证20年，而不会由于一时忘记导致时效超过不能收回。懂得法律的人都知道，写上归还日期与不写归还日期差别不大。

（5）如果要求给利息，一定要写明。法律规定：不明确约定支付利息的，归还时要求利息是不予支持的。

（6）借条最好是在A4纸上先将借款人的身份证正、反面复印在纸张的右下方，然后在上端书写借条。另外，注意签字后最好请借款人按上指印。

（7）因为借款人在向你借钱，主动权在你手上，所以在借钱之前，完善手续是不成问题的。

## 2.2.4 收条

### 1. 收条的概念

收条是收到他人或单位送到的钱、物时写给对方的一种凭据性的应用文。收条也称作收据。收条也是日常生活中常见的一种应用文样式。

### 2. 收条的种类

收条一般分为两类。一类是写给个人的收条，另一类是写给某单位的收条。单位出具的收条通常由某一个人经手，而以单位的名义开具。

### 3. 收条的构成及格式

收条通常应由标题、正文、落款三部分组成。

（1）标题。标题写在正文上方中间位置，字稍大。标题的写法有两种。一种是直接由文种名构成，即写上“收条”或“收据”字样；另一种是把正文的前三个字（如“今收到”“现收到”“已收到”）作为标题，空两格书写，而正文从第二行顶格处接着往下写。

（2）正文。正文一般是在第二行空两格处开始写，但以“今收到”等为标题的收条是不空格的。正文一般要写明收到的钱物的数量，物品的种类、规格等情况。

（3）落款。落款一般要求写上收钱物的个人姓名或单位的名称，署上收到的具体日期，一般还要加盖公章；是某人经手的，一般要在姓名前署上“经手人”的字样；是代别人收的，则要在姓名前加上“代收人”字样。

### 4. 收条范文

收　条

代收到刘××同学还给张×老师的网球拍一副，完好无损。

代收人：李×

×年×月×日

收　条

今收到高山乡铁匠沟大队马××、牛××两位同志送来的棉花技术承包合同资金叁仟元整。

湖南省农业科学研究所

经手人：张××

×年×月×日

## 2.2.5 欠条

### 1. 欠条的概念

欠条是个人或单位在欠款、欠物时写给有关单位或个人的凭证性应用文。

### 2. 欠条的构成及格式

欠条一般由标题、正文、落款三部分组成。

（1）标题。欠条的标题一般由文种名构成，以较大的字居中写上“欠条”二字。也有的空两格写上“暂欠”或“今欠”字样作为标题，但这种标题的正文则在下一行顶格写。

（2）正文。欠条的正文要写清欠什么人或什么单位什么东西、数量多少，并注明偿还的日期。

（3）落款。落款要署上欠方单位名称和经手人的亲笔签名，并加盖公章。个人出具的欠条则需署上欠方个人的姓名，并署上出具欠条的日期。

### 3. 欠条范文

欠　条

本人 / 本单位（身份证号码：________________），现欠 ________（被欠人）货款人民币 ________ 元（大写：____________ 元整）未偿还。上述款项，本人承诺于 _____ 年 __ 月 __ 日前全部偿还。

欠款人：________

_____ 年 __ 月 __ 日

**知识拓展**

**借条和欠条在法律上的差异**

借条和欠条虽然仅一字之差，其法律含义却相差甚远。

借条，是借用人或者借款人向出借人出具的表示借用某物或者某款项的凭证，一般用来证明借用或者借款关系。

欠条，是债务人向债权人出具的表示尚欠某物或者某款项的凭证，一般用来证明债权债务关系。

实践中，很多人对什么时候写借条、什么时候写欠条总不能准确把握，其实区分二者并不难。借条和欠条至少存在以下两点区别。

（1）借条背后一般存在着资金或者实物的流动，欠条则没有。在写借条时，出借人“刚刚”“正在”或者“即将”把物品或者款项交付借用人，为确认这个“流动”的事实，才用借条加以固定。

欠条是结算或者证明财产所有与占有的相反状态，也就是所有权人的物品被占有人占有、使用。这种状态在写欠条时早已存在，写欠条的目的就是确认这种状态的存在。

（2）借条一般都有借期和利息，借条的借期和利息计算的起始点一般是出借日；而欠条虽然也可以约定还期以及逾期未还的法律后果，但这个日期一般是欠条出具后的某一个时间点。

实践中，把借条写成欠条或者反过来把欠条写成借条的情形很多，造成文不对题，结果往往给事实的印证、法律关系的认定以及权利人利益的实现带来不必要的麻烦。

举个简单的例子。b 向 a 借了 3 万元，b 写了一个欠条给 a，未约定还期。两年之后，若没有诉讼时效中断、中止、延长的情形，a 再向法院起诉要求 b 还款，基本会被法院认定为超过了诉讼时效而丧失胜诉权。其根本原因在于，欠条自债务人出具之日起，债权人即享有向其主张还款的权利，诉讼时效就开始计算。而一般诉讼时效是两年，两年之后再主张，自然就丧失了胜诉的权利。若当初 b 给 a 写的是借条，同样没有约定借期，但《中华人民共和国民法典》第六百七十五条规定："借款人应当按照约定的期限返还借款。对借款期限没有约定或者约定不明确，依照本法第五百十一条的规定仍不能确定的，借款人可以随时返还；贷款人可以催告借款人在合理期限内返还。"出借人 a 两年后再向借款人 b 主张还款，其主张之时诉讼时效才开始起算。此时，a 起诉 b，法院当然可以依法支持。

## 学习案例

**借　条**

今借到张三人民币拾伍万元整，所有现金已经收到。约定于 2028 年 12 月 31 日前归还，年利率为 10%，全部本息到期一次性偿还。

此据。

小李

地址：×× 市 ×× 路 ×× 小区 × 栋 ×× 号

电话：13×××××××××

× 年 × 月 × 日

◆ 想一想

上面借条的书写有哪些不符合规范之处？

◆ 案例分析

上面的借条有以下两处不符合规范。

（1）“拾伍万元整”写法不规范，应为“壹拾伍万元整”，并且应同时写明小写金额，确保大小写金额一致。

（2）“小李”写法不规范，应写身份证上的本名，不能写小名、绰号等；还应在姓名前加“借款人”字样，在姓名后附上借款人身份证号码，最好能按上手印。

## 小结

学习情境 2 主要介绍了各种条据的写法，共分两个单元讲解。学习单元 2.1，讲解条据的性质和特点；学习单元 2.2，讲解各种类型的条据的写法。

条据是日常应用文中的一类。在日常生活和工作中，临时遇到一些事情要对他人说明，但由于某种原因无法面谈，或者由于手续上的需要，要做个简短的凭证，都要写个简便的字据，也就是条据。

## ◎ 单元小练

1. 填空题

（1）便条是一种简便的书信体，用来向他人 ________ 。便条不用邮寄，而是托人转交、直接面交或 ________ 。

（2）凭证性条据是人们在处理钱、物的过程中，为了 ________ 或作为凭证而写的字据。由于涉及钱、物的处理并具有法律效力，所以条据写作要慎重、规范，条据的交付也以 ________ 为好。

2. 简答题

（1）简述请假条的构成及格式。

（2）借条的写作注意事项包括哪些？

# 学习情境 3

# 书表

## 情境导入

**聘 书**

兹聘请 ×× 同志为 ×× 数计学院主任，聘期自 20×× 年 1 月 1 日至 20×× 年 12 月 31 日，聘任期间享受学校高级教师全额工资待遇。

此聘。

×× 数计学院（章）

20×× 年 12 月 12 日

## 案例导航

此聘书短小精悍，语言简洁明了、准确流畅，内容交代清楚明白，使人一目了然。正文开门见山地交代受聘者担任的职务，接着写明聘任期限和聘任待遇，落款署上发文单位名称及日期。

## 学习目标

◎ 知识目标

了解书表的性质与特点。

了解书表的不同种类。

掌握各种书表类应用文的写法。

◎ 能力目标

能根据场合选择合适的书表。

能书写不同种类的书表。

◎ 素质目标

提高学生的表达能力、逻辑思维和分析能力。

**思政目标**

通过对书表文书的学习，树立正确的价值观，培养职业观念和敬业精神。

# 学习单元 3.1 书表的性质和特点

## 3.1.1 书表的性质

书表类文章，一般用于申述自己的理由，有所请求。无论是个人在政治生活上入团入党的申请书，还是个人、单位在其他方面的申请书，均是一种请求满足要求的公用文书，所以具有请求的特性是书表类文章的根本性质。

## 3.1.2 书表的特点

### 1. 具有固定格式

书表类文章是一种专用文体，因此它也必须按照固定的格式来行文。内容因要求不同而不同，形式都基本保持不变。

### 2. 语言符合行文标准

这是由书表类文章的性质所决定的。所有书表类文章在语言的选择和使用上均须符合行文标准。

### 3. 内容的请求性

书表类文章在内容上普遍具有请求性，内容的表述都是为了达成一个请求的目的。

※【小提示】

**书表类文章的写作技巧**

1. 语言诚恳

语言诚恳，是一篇好的书表类文章的最基本条件。书表类文章只有做到语言真诚、恳切，才能打动人心，并最终达到行文的目的。但这种诚恳，绝不是低三下四的乞怜，而是有原则的、有分寸的；只有恰到好处，语气婉转，才能达到这种效果。切忌语气生硬，强加于人，否则会适得其反。

2. 态度诚实

书表类文章所写的内容要真实。要本着实事求是的原则，严肃认真地对待。不应为了达到某种目的而不择手段，歪曲或者捏造事实，甚至提出一些过分的要求。态度诚实，是书写者应具备的基本素质之一。

3. 格式规范

前面讲过，书表类文章有固定的格式，书写时应按格式进行，不宜自己随意创造。否则，既不规范，也容易使所要表达的内容混乱，影响效果。

# 学习单元3.2　不同种类书表的写法

## 3.2.1　申请书

### 1. 申请书的概念

申请书是个人、单位、集体向组织、机关、团体、领导提出要求实现和满足自己某些愿望、请求的文体。

### 2. 申请书的分类

申请书的使用范围十分广泛，几乎涉及生活、工作的各个方面。如个人要求加入学生会或其他组织，要求留学、经商等；下级在工作、生产等方面要求上级给予某种支持、帮助等，都要使用申请书。因此，申请书按作者分类，可分为个人申请书和单位、集体公务申请书。

### 3. 申请书的构成及格式

（1）标题。标题在第一行正中，只写“申请书”三字即可。有的采用“事由＋文种”式，如《转正申请书》《调换工作申请书》等。标题字体要略大于正文字体。

（2）称呼。称呼亦称“抬头”，即受文对象。发文者根据与受文对象的关系而适当地用敬辞，居标题下一行，顶格写，后加冒号。

（3）正文。正文即主体。自称呼下一行空两格写起，是申请书要表达的主要内容。根据具体情况，可采用行文式或条款式。

（4）结尾。结尾在正文结束后另起一行，空两格写起。一般是“恳请”“感谢”“祝福”等礼貌、客套语。

（5）落款。在结尾下一行，靠右署上申请人的姓名或单位名称。单位一般应加盖公章，以示庄重。日期写在署名正下方，注明发文年月日。

### 4. 申请书的写作注意事项

申请书应具备“三要素”：申请事项、申请条件、申请理由。

（1）申请事项。要写得具体、准确。

（2）申请条件。要符合申请所要求的各种条件。

（3）申请理由。要充分，尽可能详细、全面，以使受文者透彻地了解申请者的意愿、要求等具体情况，以便研究处理。

同时，申请书的语言要准确、朴素、简明、扼要、恳切。

### 5. 申请书范文

**入团申请书**

敬爱的学校团委:

您好！

我虽然对中国共青团的认识不是很全面，但作为21世纪的青少年，我也有自己的目标和理想，也为此在奋斗、拼搏。因此，我想加入青年人自己的组织——中国共产主义青年团。

共青团是中国共产党领导的先进青年的群团组织，是广大青年在实践中学习共产主义的学校，是中国共产党的助手和后备军。因此，我更想加入共青团。

中国共产主义青年团是青年积极分子的组织、青年群众的核心，它联系广大青年群体，使进步青年可以在组织中得到进一步的教育，在社会中取得更好的成绩。参加共产主义青年团，可以使自己在思想上得到升华，使自己不会在一些事情上犯思想性的错误。

我在班集体中的各方面表现都比较好，思想上积极要求进步；尊重老师，能与同学打成一片；上课能认真听讲，下课认真完成老师布置的各项作业；能虚心向同学学习，在学习上能帮助同学；每次打扫卫生，我都认真完成自己的任务。在家里，我既能认真学习，又会主动帮助父母做家务。

如果组织接受我加入共青团，我将服从团的章程，积极参加团组织的活动，执行团的决议。我将在团组织内认真学习，虚心听取团组织的意见，不做任何违反团章的行为。

我对自己也有一定的要求。第一，要刻苦学习。第二，对工作认真负责。第三，和同学和睦相处。以上要求对我而言不是很难，关键在于能不能认真对待。我已经一步一步地向前迈进，即使达到目标，也不会放松对自己的要求，甚至比以前还要做得更好。

如果我能加入共青团，我会积极为团组织做贡献。学习章程，积极向每一位同学宣传；按时完成团组织交给的任务，带头遵守团章的规定，履行团员的义务。

我希望团委可以给我一个机会，让我加入中国共产主义青年团，我将会尽自己的最大能力做好团组织布置的工作。即使这一次团支部没有批准我入团，我也不会放弃，我将继续努力，改正自己的缺点，严格要求自己，争取早日加入共青团。

此致

敬礼

申请人：×××

×年×月×日

## 3.2.2 建议书

### 1. 建议书的概念

建议书是个人、单位和有关方面，为了开展某项工作、完成某项任务或进行某种活动而倡议大家一起做什么事情，或提出合理化的意见、建议时使用的一种文体，也叫倡议书、意见书。

建议书是应用文的一种类型。其内容很广泛，像弘扬雷锋精神、开展精神文明活动、援助贫困山区孩子读书、开展拥军优属活动等，都可以写建议书。

### 2. 建议书的特点

（1）群众性。任何个人、单位、组织、部门都可以用建议书的形式向任何一级单位或领导提出自己的意见或建议。

（2）多样性。建议书的内容具有多样性，几乎不受任何限制，上至党和国家的方针政策，下至最基层的单位生产、工作、学习和生活，都在建议之列。

（3）广泛性。建议书建议的对象具有广泛性，各单位、企业都会成为个人或集体建议的接受者，都可以成为人民群众建议的对象。

### 3. 建议书的构成及写法

建议书一般由标题、称呼、正文、结尾、落款几部分构成。

（1）标题。标题一般在第一行中间写上“建议书”字样。有的建议书，还会写上所建议的内容，如《关于改善校园环境的建议书》。

（2）称呼。建议书称呼，要求注明受文单位的名称或个人的姓名，要在标题下另起一行顶格写，后加冒号。

（3）正文。建议书正文由以下三部分构成。

①要先阐明提出建议的原因、目的，以及自己的想法。这样往往可以使受文单位或个人从实际出发，考虑你的建议的合理性，为采纳你的建议打下基础。

②建议的具体内容。一般建议的内容要分条列出，这样可以做到醒目。建议要具体明白、切实可行。

③提出希望被采纳的建议，但同时也应谨慎虚心，不说过头的话，不用命令的口气。

（4）结尾。结尾一般是表示敬意或祝愿的话，写法与一般书信相同。

（5）落款。落款要署上提建议的单位的名称或个人的姓名，并署上成文日期。

### 4. 建议书的写作注意事项

写建议书要从具体问题、实际需要和可能的条件出发，不能凭空想象、不着边际，这样才有助于改进工作方法，开展有益的活动。

（1）说话得体，有分寸。首先，所提意见和建议应准确、合理，并且要掌握一定的分寸。意欲晓之以理，首先动之以情，这样写，意见容易被接受，从而达到目的。其次，要使意见和建议在现实条件下行得通，不应说过头的话，也不应提过高的要求，否则就无济于事了。

（2）内容具体、清楚、实在。建议书的核心部分是所提建议的内容。因此，写建议书不管是分条开列，还是不列条款，都应把建议的内容写得具体、清楚，一目了然。这样，领导、机关、单位和个人在考虑和采纳的时候，才容易落到实处。切记，不要说空话、套话，不要抽象、笼统。

（3）语言准确、精练。建议书是人们发表意见、提出建议的一种工具。因此，语言一定要准确精练，具体的意见和措施要一目了然，不做过多的分析和论证。

5. 建议书范文

**关于改善校园卫生环境的建议书**

尊敬的校长：

您好！

我们的校园以前是美丽、干净的，校园里的空气也非常新鲜。每当下课的时候，同学们到操场来放松一下，看一下碧绿的草地、大树，蔚蓝的天空，再回去学习，精神就特别好。可是现在，部分同学再也不像以前那样遵守纪律了，他们随地扔垃圾，看到垃圾不但不捡起来，反而踢到一边，所以校园的卫生环境也就不好了。

产生上述问题的主要原因，就是垃圾箱不够及同学们卫生意识不强。在此，根据以上出现的问题，我提出几点建议。

一、增设垃圾回收点。在每个垃圾回收点放置两个垃圾箱，一个装可回收的垃圾，另一个装不可回收的垃圾。

二、垃圾要定期处理。

三、利用广播，向同学们宣传乱扔垃圾的危害。

四、分班级查处乱扔垃圾的行为。

五、文明监督员在下课后要加大监管力度，一旦发现有同学乱扔垃圾，就扣班级纪律分。

以上是我提出的建议，望您能采纳。

祝校长身体健康，工作顺利！

汽修二班×××

×年×月×日

## 3.2.3 倡议书

### 1. 倡议书的概念

倡议就是倡导、建议。倡议书是为倡议、发起某项活动而写的号召性的公开建议性的应用文。如抢救国宝大熊猫的倡议书、给希望工程捐款的倡议书等。倡议书或公诸报端，或张贴于校园等地。

### 2. 倡议书的特点

倡议书的特点具体而言，有以下几个方面。

（1）广泛的群众性。倡议书不是针对某个人发出的，它往往面向广大群众，或对一个部门的所有人发出，或对一个地区的所有人发出，甚至向全国发出。所以广泛的群众性是倡议书的根本特征。

（2）对象的不确定性。倡议书是要求广大群众响应的，然而其对象范围往往是不确定的。即便它在文中明确了具体对象，但实际上有关人员可以表示响应，也可以不表示响应，而与此无关的其他的群众团体却可以有所响应。它本身不具有很强的约束力。

（3）公开性。倡议书是一种广而告之的文章。它就是要让广大的人民群众了解，从而激起更多的人响应，以期在最大的范围内引起共鸣。

### 3. 倡议书的构成及写法

倡议书的结构分为五部分：标题、称呼、正文、结尾、落款。

（1）标题。倡议书标题一般由文种名单独组成，即在第一行正中，用较大的字号写“倡议书”三个字。另外，标题还可以由倡议内容和文种名共同组成，如《把遗体交给医学界利用的倡议书》。

（2）称呼。倡议书可依据倡议的对象而选用适当的称呼，如“广大的青少年朋友们”“广大的妇女同胞们”等。有的倡议书也可不用称呼，而在正文中指出。

（3）正文。倡议书的内容须包括以下几方面。

①写倡议书的背景、原因和目的。倡议书旨在引起广泛的响应，只有交代清楚倡议活动的原因以及当时的各种背景事实，并申明发布倡议的目的，人们才会理解和信服，才会自觉地行动。这些因素交代不清就会使人觉得莫名其妙，难以响应。

②写明倡议的具体内容和要求。这是正文的重点部分。倡议的内容一定要具体化。开展怎样的活动，都做哪些事情，具体要求是什么，它的价值和意义都有哪些，均须一一写明。倡议的具体内容一般是分条开列的，这样写往往清晰明确，一目了然。

（4）结尾。结尾要表示倡议者的决心和希望，或者写出某种建议。倡议书一般不用在结尾写表示敬意或祝愿的话。

（5）落款。落款即在右下方写明倡议单位、集体或个人的名称或姓名，署上发倡议的日期。

### 4. 倡议书的写作要求

（1）倡议事项要便于操作，不能要求过高。要求过高，就得不到响应，达不到目的。

（2）选词用语要简明易懂，使公众都能看懂。倡议书是面向公众的，篇制宏大不利于接受，用语简明，才能得到更加广泛的响应。

（3）语言要富有感召力，行文要富有激情。倡议书一般都应有较强的鼓动性，行文时要富有激情，这样才能动员更多的公众参加所倡议的工作或活动。

### 5. 倡议书范文

倡议书

亲爱的同学们：

春天是一个充满希望的季节。在这个生机勃勃的季节里，你可曾想起一个不朽的名字——雷锋？雷锋精神教育和鼓舞了一代又一代的青年人。继承优良传统，弘扬雷锋精神，是我们每位学生肩负的神圣使命。学习雷锋应从自身做起，从身边的每一件小事情做起。在此，我们真诚地向全体同学发出倡议。

一、学习、弘扬雷锋热爱党、热爱祖国、热爱社会主义的崇高理想和坚定信念，自觉地把个人的追求和奋斗同党的事业、国家的命运、民族的前途联系起来，为祖国的繁荣发展贡献自己的智慧和力量。

二、学习、弘扬雷锋助人为乐、勇于奉献的精神，让雷锋精神在校园闪光。从现在做起，从自我做起，从身边小事做起，热情帮助身边需要帮助的人，伸出互助的双手，展现当代青年的风范。

三、学习、弘扬雷锋渴求知识、发奋学习的敬业精神，自觉培养实事求是、刻苦钻研、勤奋好学的学习态度；多读书、读好书，不断充实自己，提高自身的科学文化素养。

四、学习、弘扬雷锋的集体主义精神，做文明校园的维护者和践行者。从小事做起，自觉遵守学校规章制度，自觉爱护公共财物，自觉维护校园良好秩序。

五、积极参与学校组织的各项志愿服务活动，在实践中加深对雷锋精神的认识，在校园中掀起自觉实践雷锋精神、倡导志愿服务的热潮，用行动体现精神，用爱心创造和谐。

在雷锋精神的照耀下，一代代青年实践着自己的人生价值。我们立志要当永远的活雷锋，而不是3月5日的雷锋；我们不一定要做惊天动地的大事，只需要做好身边的每一件小事。同学们，让我们从小事做起，从现在做起，让雷锋精神永放光芒，让社会处处盛开雷锋之花！

共青团××学校委员会

××学校学生会

×年×月×日

### 3.2.4 决心书

#### 1. 决心书的概念

决心书是基层单位、群体或个人为响应某一号召、完成某项任务、开展某一工作而向上级机关、领导或组织表示决心所使用的一种专用文书。

#### 2. 决心书的特点

（1）决心书都是单方的。决心书用于个人对组织和领导、下级对上级表决心，不要求上级给予答复。

（2）决心书的公开性。决心书可以公开张贴发表。由于它是向上级或组织表达一种决心，同时也希望组织、领导和上级机关给予监督指导，所以往往是公开的。

（3）书信体格式，一般分项列出。整体而言，决心书是以书信体的形式存在的。它有受文单位。行文通常分项、分条，依据一定的序列。这种写法便于组织、领导和机关各部门届时清楚明了地给予监督和指导。

#### 3. 决心书的构成及写法

决心书结构比较简单，篇幅都不长，一般由标题、称呼、正文、结尾、落款五部分组成。

（1）标题。决心书的标题一般有两种。一种是由文种名构成，即在第一行正中以稍大的字号写上“决心书”三个字。另一种由文种名和表决心的事由共同构成，如《争取夺得军事大比武第一的决心书》《齐心协力夺取演讲比赛桂冠的决心书》等。

（2）称呼。决心书的称呼应在标题下一行或两行，从顶格处写起，向谁表决心就写谁的名称或姓名，如向党支部表决心，称呼就写“党支部”；如果是向党委、单位领导表决心，称呼就写“党委”“单位领导”。也可以在称呼前面加敬语，如“敬爱的”“尊敬的”等。如果决心书是面对广大群众，称呼可以不写。

（3）正文。正文是决心书的主要组成部分。正文一般要由表决心的缘由、决心做到的事项两部分组成。

表决心的缘由，即为什么要写决心书，其背景如何。该段一般要求结合当前面临的新形势和发文人或单位的具体情况来写，要符合实际。

决心做到的事项是指决心干什么，怎么干。有时候还可以增加回顾个人或集体成长进步、发展壮大过程的有关内容，以表达对上级关怀帮助的感激之情。这部分一般分条列出，内容要具体实在，既保证其自身的独立性，又要同其他各项有内在联系。

（4）结尾。决心书的结尾可以用一句口号再次表示决心；也可以写一些表示敬意的话，如“此致敬礼”等；还可以根据情况不写，在正文写完后自行结束。

（5）落款。署名和时间分两行写在全文的右下方。署名可以是个人，也可以是一个群体。如果是集体或单位所写还可以视情况加盖公章，但必须同正文所涉及的内容相符。时间在署名的下一行书写，年、月、日要写全。

### 4. 决心书的写作注意事项

（1）决心书的写作要坚持实事求是的原则。决心书所表决心务必做到切实可行，同时内容要具体实在，不要说大话、空话、虚话，更不要哗众取宠、信口开河，以便今后执行。

（2）情绪要饱满，显示出必胜的信心。决心书要充满必胜的信心，措辞用语不可消极低沉，让人看了后能感受到表决心者的精神风貌和昂扬斗志。

（3）决心书的文字要精练，篇幅要简短。行文不要拖泥带水，更不要长篇大论，漫无边际，冲淡主题。

※【小提示】

**保证书与决心书的异同**

保证书与决心书都要表明写作者的态度，表示写作者的决心。

决心书往往是自愿发出的；而保证书则具有一定的要求性，是有关部门为了确保其下属单位及时完成某项任务或能及时改变某种失误，要求其提交的保证。

### 5. 决心书范文

**决心书**

尊敬的校团委：

听了书记关于开展学习抗洪救灾英雄事迹的动员报告后，我们的心情久久不能平静。人民子弟兵在抗洪抢险中的光辉形象时刻在我们脑海里闪现，他们舍己为人，在关键时刻敢于冲向最危险地方的精神深深鼓舞着我们，为我们树立了学习的榜样。我们全班同学决心立即行动起来，积极响应团委的号召，投身到学习抗洪英雄的活动中去。为此，我们决心做到如下几点。

一、坚定共产主义信念，坚决贯彻党的基本路线，为建设中国特色社会主义而奋斗。

二、学习人民解放军忠于党、忠于人民，无私奉献的精神。

三、在学习和生活中顾全大局，遵守纪律，团结同学，关心他人，为集体多做好事。

请领导和同学们随时监督我们。

××中学×年×班全体团员

×年×月×日

## 3.2.5 聘书

### 1. 聘书的概念

聘书是各级机关、社会团体、企事业单位等，聘请有关人员在本单位任职或承担某项工作任务时使用的、具有固定格式的文书。

### 2. 聘书的特点

聘书是聘任与被聘双方互相选择的结果，是受聘者上岗工作的凭证，也是用人单位衡量受聘人员是否履行职责、是否完成任务的依据，所以聘书具有凭据性、规范性和严肃性等特点。

### 3. 聘书的分类

聘书从写作格式来分，有直陈式与书信式两种。从聘期来分，有长期工作聘书和短期工作聘书两种。

短期工作聘书，是指聘请人员担任某一临时性工作时使用的聘书，如聘请教师担任考评卷工作、聘请专业人员担任某次大型比赛的评委或裁判等。各单位类似的临时性工作颇多，因此，制发这种聘书的情况也很常见。

长期聘书有两种情况。一是现在单位打破了用工终身制，实行聘任制，对自己单位的工作人员实施定期聘用程序；二是因需要对外单位有名望和有技术专长的人员实行定期聘用。

### 4. 聘书的构成及写法

（1）标题。聘书一般是印刷好的，在封面印上的“聘书”二字，字号较大，制作美观、大方，有的使用了套红、烫金等工艺。手写的聘书在用纸的第一行中间，书写“聘书”或“聘请书”字样。

（2）正文。第一行顶格写，写受聘人姓名和称呼，如“×× 先生”“×× 同志”等。也可第一行空两格写，如“兹聘请 ××× 先生”，接着写聘请他担任什么职务，或做什么工作，期限多久，待遇多少等。

（3）结尾。有的结尾另起一行，用“此聘”，有的不写。

（4）落款。在正文右下角，署上聘请单位名称、日期，加盖公章。

### 5. 聘书范文

**聘　书**

××× 教授：

为提高我院的科研水平，本院成立了科研项目评估委员会，特聘您为该委员会学术顾问，指导我院的科研工作。

此致

敬礼!

××市社会科学院（盖章）

院长：×××（盖章）

×年×月×日

## 学习案例

**聘 书**

为提高我院的科研水平，本院成立了科研项目评估委员会，特聘请×××教授为该委员会学术顾问，指导我院的科研工作。

此致

敬礼!

××市社会科学院（盖章）

院长：×××（盖章）

×年×月×日

◆ 想一想

这则聘书有什么特点？

◆ 案例分析

这则聘书格式规范。正中“聘书”为标题，正文是聘书的核心内容，交代受聘者担任的职务。结尾写上表示敬意和祝颂的结束用语，以表诚恳之意。落款署上发文单位名称及落款日期，加盖公章。到此，这张有效聘书便完成了。它短小精悍，语言简洁明了、准确流畅，同时体现出发文者郑重严肃、谦虚诚恳的态度。

## 小结

学习情境3主要是介绍各类书表的写法，包括申请书、建议书、倡议书、决心书、聘书等。

这几种书表类文体大多由标题、称呼、正文、结尾、落款等部分构成，但是具体又有所不同，这些都在文中有所说明并以例文的形式呈现。

## ◎ 单元小练

1. 填空题

（1）建议书是个人、单位和有关方面，为了开展 ________，完成 ________ 或进行某种活动而倡议大家一起做什么事情，或提出合理化的意见、建议时使用的一种文体，也叫倡议书、意见书。

（2）聘书是各级机关、__________、企事业单位等，聘请有关人员在本单位任职或承担某项工作任务时使用的、具有 ________ 的文书。

2. 简答题

（1）申请书的写作注意事项有哪些？

（2）决心书有什么特点？

# 学习情境 4

# 礼仪文书

## 情境导入

**讣　告**

×××学校教师王××同志，因长期患肝硬化，经多方医治无效，于×年1月5日上午9时20分逝世，终年××岁。

王××同志自参加工作以来，工作一贯负责，积极肯干，多次被评选为优秀教师，深受全校师生的尊敬和好评。他的病逝，使我们失去了一位好同志。为了寄托我们的哀思，兹定于1月8日上午9时在学校礼堂开追悼会，希王××同志生前好友届时参加。

王××同志治丧委员会

×年1月6日

## 案例导航

讣告的写法包括以下三个方面。

（1）标题。写“讣告”或“讣闻”二字，或在“讣告”之前冠以逝者姓名。字体宜大于正文，并位居版面正中靠上方的位置。

（2）正文。写明逝者的姓名、身份，逝世的原因、日期、地点，以及终年岁数。如是老年长者，宜用“享年”多少，以示尊敬。同时，需要告知举行丧礼，或开追悼会，或与遗体告别的时间、地点。

（3）落款。写明发出讣告的个人或单位、团体的名称，时间，并附上治丧委员会名单。

**学习目标**

◎ 知识目标

了解礼仪文书的含义与种类。

掌握礼仪文书的写法。

◎ 能力目标

能够掌握礼仪文书的特定书写特点并融会贯通。

能够独立书写各种礼仪文书。

◎ 素质目标

加深对社交礼仪的认识，提高自身社交礼仪素质。

**思政目标**

通过对礼仪文书的学习，增强文化自信，体会我国“礼仪之邦”的风范。

## 学习单元 4.1　礼仪文书的性质和特点

### 4.1.1　礼仪文书的性质

礼仪是礼节和仪式的总称，它主要是用来调整人与人之间的关系的。礼仪活动中使用的各类文书统称为礼仪文书。

礼仪文书可以包括贺卡、请柬、名片、祝贺信、慰问信、感谢信、喜报、祝酒词、祝寿词、礼笺、对联等。这里的礼仪文书，主要指的是礼仪方面的外交文书和对外文书，是常用的应用文体之一。

### 4.1.2　礼仪文书的特点

#### 1. 准确恰当

礼仪文书，应当准确、适当地表达出礼仪上要求，根据不同的时机和对象，力求把文书写得恰如其分、恰到好处。有时候，还可根据具体情况写进一定的实质内容，以便使礼仪文书达到更好的效果。

**2. 翔实可靠**

文书中涉及的时间、地点和其他有关资料，均应经过核对，做到翔实可靠。不应把礼仪文书仅仅视为“应景文章”，简单抄袭套用现成的格式，以致成了“打官腔，不能用”的文书。

※ **【小提示】**

**礼仪文书写作的基本要求**

1. 表达方式灵活，不拘一格

礼仪文书没有公文、专用文书等文体那样在语言表达方式上正规，大多只注意在称呼、语气、祝颂语方面的礼貌、礼节即可。具体写作中，可用多种方式来表达，叙事、明理、抒情、描写、评赞、议论都可以使用，只要能准确、真诚地表达自己的感情即可。

2. 语体自由多样，心到笔随

礼仪文书的语体不受公文语体的束缚，白话、文言、文白相间均恰当。礼仪文书是一种最能体现和反映作者个性与才情的文书。

3. 语言简洁精练，顺畅得体

礼仪文书写作，讲究语言的技巧。用词要简洁明了，言简意赅，用语应精练、准确，词意应通顺流畅、明快得体。不论是称谓、敬语还是文内用语，都必须能以礼相待，文雅得当，彬彬有礼；不能放任、随便；要适合所述对象、所表之情、所达之意，起到相互沟通、相互交流、相互理解与体谅的作用。

4. 情感真挚恳切，情溢文中

礼仪文书的语言大多是由衷而发，处处体现出相互之间的感情。“无情不是好文章。”动之以情才能使交往变得真诚，因此，礼仪文书的字里行间就处处洋溢着作者的真挚情感。通常，一篇好的礼仪函电或致辞，欢快时喜形于色，悲伤时催人泪下，庄重时令人肃然。情溢文中是礼仪文书的根本要求。

# 学习单元 4.2　礼仪文书的种类及写法

## 4.2.1　请柬

### 1. 请柬的概念

请柬，又称请帖，是邀请单位或个人参加会议或活动时使用的一种礼仪性书面信函。请柬的使用范围十分广泛。节庆、奠基、开业、娱乐、宴会、典礼、仪式、展览、演出、新闻发布等都可以使用请柬。

### 2. 请柬的特点

（1）书面性与开放性的统一。请柬是一种专用书信，所表达的是对客人郑重、盛情的邀请，即使相距很远，也常要由主人直接当面呈递。如实在不得已，可以托人转交，或者邮寄。但是，切忌“口耳相传”。虽然请柬有很强的对象性，但请柬所载的内容却不是保密的，可以公开给外人看。

（2）庄重性与艺术性的融合。随着人们交往的日益频繁，各种活动日益增多，小到个人的生日宴会，大到国庆盛典等许许多多的活动、事务，都需要用请柬来邀请客人参加。请柬不作长篇大论，用语之简明与文雅、活泼与庄重，对客人之尊敬，自谓之谦卑，都非寻常之书信所能比。请柬的装帧也很考究，它将严整与活泼、时髦与古朴融为一体。

### 3. 请柬的构成及写法

（1）标题。标题一般直接写“请柬”或“请帖”即可。有封面的请柬，封面还要做些艺术加工，如图案装饰，字体艺术，并可套红或者烫金。如果请柬是单页纸，第一行正中写“请柬”二字。

标题一般写在封面中部，也有的设计在封面的某一个部位。有的请柬标题还加上了事由，如《庆祝 ×× 学院建校 50 周年请柬》等。

（2）称谓。顶格写上邀请对象（单位或个人）的名称，如“×× 研究所”“×× 先生”“×× 教授”等。有时将称谓写在正文之上抬头顶格处；有时把请柬先放入信封，再将称谓写在信封上，请柬上就不必再写称谓。

（3）正文。正文要简洁说明邀请的原因，包括会议或活动的名称、时间、地点和内容及其他应知事项等。

（4）结尾。一般以"敬请（恭请）光临""敬请光临指导""敬请届时出席"或者"此致敬礼""敬请莅临"等做结尾敬语。

（5）落款。请柬的落款应署明邀请者（单位或个人）的名称和请柬发出的时间。

### 4. 请柬的写作要求

（1）严谨、准确。请柬的文字很少，务求严谨、准确，一定要写清被邀请者的姓名、身份，邀请的事由及应注意的事项等内容。特别要逐一核对时间、地点和人名等项内容，做到清晰明了，避免差错。

（2）语言达雅兼备。"达"就是通顺、明白，不至于让被邀请者产生歧义；"雅"就是讲究文字美，根据具体场合、内容、对象，采用得体客气的措辞，要求做到优美、典雅、热情、庄重、友好，使被邀请者感到愉快和温暖，切忌使用乏味及浮华的语言。

### 5. 请柬范文

请　柬

××× 同志:

兹于 11 月 1 日（星期二）上午 9 时，在本市中山会堂隆重举行 ×× 学校建校 50 周年纪念大会。敬请光临指导。

此致

敬礼!

×× 学校

校长 ×××

20×× 年 10 月 28 日

## 4.2.2　祝词

### 1. 祝词的概念

祝词泛指在各种喜庆场合中用以表示祝贺的言辞或文章。祝词的适用范围很广，事业、会议、人都可以成为祝贺的对象。一般是在庆典仪式、婚嫁乔迁、升学参军、生日祝寿等事情中使用。

### 2. 祝词的种类

根据不同的祝颂对象，祝词大体上可分为三种。

（1）事业祝词。这是常用的一种祝词，多用于祝贺会议开幕、工程竣工、剪彩、新年伊始，以及某社团、机构、报刊的纪念日等。

（2）寿诞祝词。寿诞祝词的对象主要是老年人。祝词的主要内容，一是庆祝、祝愿某人幸福、健康、长寿，二是赞颂其品性、功德。

（3）祝酒词。祝酒词是在劝酒时用来表达祝福和美好祝愿的言辞或文章。

### 3. 祝词的结构及写法

祝词一般由标题、称谓、正文和结尾组成。

（1）标题。祝词的标题常见的有三种类型。其一，用文种作标题，即《祝词》。其二，由致辞者、事由和文种，或事由和文种组成，如《×× 在新年茶话会上的祝词》。其三，正副标题式，一般用于大型会议。正标题标明致辞的内容，副标题则由会议名称和文种组成，如《开创进取，走向更大的胜利——60 周年校庆典礼致辞》。

（2）称谓。在标题的下一行顶格写被祝贺者的名称，或者写与会者的名称。祝贺个人，按一般书信称谓写；祝贺集体，常用泛称，如“各位来宾”“各位朋友”等。祝词的称谓要用全称，语气要亲切。

（3）正文。在称谓下一行空两格写正文，一般分三个层次写。

第一层，祝贺语。在什么样的一个特殊的时刻，向祝贺对象致意，表示热烈祝贺、欢迎、感谢或敬意、问候。如会议祝词，写“向大会表示热烈的祝贺”；如节日祝词，写“当 2024 年来临的时候，我向同学们致以节日的祝贺”；如寿辰祝词，写“在您 80 寿诞的日子里，请接受学生衷心的祝愿”等。

第二层，主体。这部分是祝词的重点，要写明为什么祝贺、祝贺什么、祝贺的意义等。不同的祝词，主体内容各不相同。如会议性的祝词要写出会议的意义；庆贺性的祝词要说明受贺者的业绩及其意义；寿辰祝词要写出受贺者的良好形象，赞颂其贡献和精神品质。

第三层，再次写表示祝愿、希望、祝贺之语，给被祝贺者以鼓励。

（4）结尾。正文结束后，常用一句礼节性的祝颂语结束全文，如“预祝会议圆满成功”“预祝工程早日竣工”等。

### 4. 祝词的写作要求

（1）自然得体，恰如其分。在颂扬和祝贺时，要做到真诚而实在。要礼貌、热情，令对方不感到庸俗、虚浮和虚伪，还要注意不宜使用溢美之词。过分的赞美之辞，不仅会令对方感到不安，也会令对方认为祝贺者在谄媚。

（2）用语得当，典雅大方。祝词用词要求热情洋溢，充满激情，富有哲理和情趣，表达温文尔雅，恰到好处。切忌使用商榷、洽谈、辩论或指责等性质的语句。

（3）短小精悍，言简意赅。祝贺词一般都是在正式场合发表的。事业庆典、婚庆典礼等各项活动都十分紧凑，客人不可能听长篇大论，所以祝词应力求简短、充实，控制在 2 ～ 5 分钟为好，切忌拖沓冗长。

### 5. 祝词范文

**20×× 年新年祝词**

尊敬的各位领导、老师们，亲爱的同学们：

大家好！

新年的钟声即将敲响，20×× 年的脚步已向我们迈进。值此辞旧迎新之际，我们全校师生欢聚一堂庆祝新年的到来。

在此，我代表学校全体教师，向大家致以新年的问候。并通过大家向一如既往关心、支持我校工作的热心人士、学生家长表示衷心的感谢和深深的祝福。

祝大家新年快乐，心想事成，万事顺达！

回首 20×× 年，振奋和激情，成功和喜悦，这一切交织在一起，许许多多的人和事，让我们铭心刻骨，激情难忘。

忘不了党和政府关爱我们的“一颗鸡蛋”营养工程；忘不了县委、县教育局关怀我们偏远山区学校的“标准化学校建设”工程；忘不了我们的杨校长，四处奔走，在第一股寒气袭来时，让我们学校最早供暖；在凛冽的寒风狂吼时，一张张塑料布是校长的关怀；更忘不了甲流肆虐、病毒入侵时，我们全校师生经历了怎样的严峻考验。可以说，全校百分之八九十的同学都感染过流感，但是我们胜利了。

我们全体师生团结一致，表现出了空前的“凝聚力”和抗战甲流的顽强意志。我们不怕甲流，反而要感谢甲流，它让我们学会了关怀，培养了我们坚强的意志。

我想，这样的困难都能战胜，还有什么能难倒我们呢？

作为本校的一名教师代表，我可以代表我的群体说：我们愿意付出！全心全意服务学生；尽心尽力服务学校；忠于职守奉献社会。

挥手作别 20×× 年，我们步履坚定，心境平和；微笑面对 20×× 年，我们斗志昂扬，信心百倍。

东风浩荡满眼春，万里征程催人急。即将到来的 20×× 年，将是我们学校的“腾飞”之年。困难与机遇同在，希望与挑战并存，让我们伴随着新年的钟声，乘风破浪，开拓前进。

最后再次祝全体教师工作愉快，身体健康！

祝全体同学学习进步，快乐成长！祝愿我们学校明天更美好！

谢谢大家！

20×× 年 12 月 31 日午

知识链接

**贺词与祝词的区别**

贺词与祝词都是用于喜庆祝贺的文书。所不同的是：贺词是对既成结果的庆祝、贺喜、赞美；祝词是对特定的对象表示美好祝愿，是对预期结果的祝愿、祈求、祝福。

## 4.2.3 讣告

### 1. 讣告的概念

“讣”有“报丧”之意，所以讣告也称讣闻。它是向社会和亲友报丧的通知。通常由逝者生前所在单位、治丧委员会或逝者家属发出。有些社会地位高、社会影响较大的人物逝世，报纸上不登一般讣告，而采用规格较高、内容较详的发布消息和登照片的形式代替，实际上也是讣告。党和国家最高领导人逝世，一般不用讣告，而是“告全国人民书”或“公告”。

### 2. 讣告的分类

（1）一般性讣告。普通公民去世，用此讣告发布消息。

（2）公告式讣告。党和国家领导人去世，以此发布消息，以示隆重。

（3）简便式公告。作为一般消息晓谕社会，告知个人。

### 3. 一般性讣告

（1）一般性讣告的构成及格式。一般性讣告是最常见的讣告形式，主要包括以下三个方面。

①标题。通常只写“讣告”二字，字体一般大于正文，可加上黑框以致哀；也可在“讣告”前冠以逝者姓名。

②正文。首先写明逝者的生前事略（简介逝者的生平、经历、功绩），然后写对逝者的评价及表示哀悼的言辞。如果逝者生前有嘱“丧事从简，不开追悼会”之意，也可遵嘱在讣告中写明。最后，换行退两格，写“谨此讣闻”或“特此讣告”，以此结尾。

③落款。署名，写发讣告单位或者治丧委员会名称；个人所发讣告，则写发讣告者与逝者的关系及姓名。退一行，写上讣告的时间。

（2）一般性讣告的写作注意事项，主要有以下五点。

①因讣告表达的是哀思，因此一般用白纸黑字书写。

②讣告内容一定要真实。逝者逝世的原因、时间、地点、年龄一定要准确；逝者的功绩不要夸大其词而是要实事求是、真实可靠。逝世的原因一定要写，或病故或事故或其他原因。如属病故，要写明何病及医治、抢救情况。根据需要，确定详略。

③追悼会的时间、地点，殡葬的时间及方式，一定要写清楚，以便亲友前往参加。

④讣告上可附逝者照片，以示沉痛的哀悼，照片四周可加黑框。

⑤应在开追悼会或遗体告别仪式前尽早发出，以便逝者亲友及时做出必要的安排及准备，如准备花圈、挽联等。

### 4. 公告式讣告

公告式讣告比一般讣告要隆重、庄严得多。它一般是由党和国家或一定级别的政府机关、企事业单位、团体等做出决定后才发出的。公告式讣告一般由公告以及其他一些文件（消息）共同组成。在内容上公告式讣告与一般性讣告基本无大差别，但在结构安排上有显著不同，这样做是为了显示其性质的庄严隆重。

（1）公告式讣告的构成及格式。公告式讣告由公告、治丧委员会公告、治丧委员会名单三大部分组成。

①公告部分由标题、正文、落款组成。

标题由发文单位、团体的名称和文种名共同构成，如《中国共产党中央委员会、中华人民共和国全国人民代表大会常务委员会、中华人民共和国国务院公告》。

正文，一是写明逝者的职务、姓名、逝世原因、时间、地点以及享年岁数；二是对逝者的简单评价和哀悼之辞。

落款要署明公告时间，发文单位已在标题显示，故省去发文单位的名称。

②治丧委员会公告。这是讣告的核心部分，交代一些主要事宜，具体写法如下。

标题，用粗体大写字写明“××× 同志治丧委员会公告”字样。

正文写明对丧事的安排及具体要求。如要写出吊唁或瞻仰遗容的具体时间、地点、参加人；具体召开追悼会的时间、地点，以及追悼会召开时的其他事宜。诸如，社会各界、机关单位、人民群众团体的吊唁活动安排等。

结尾要注明“特此公告”字样。同时，在右下方署明公告发布日期。

③治丧委员会名单。治丧委员会名单的安排通常分两部分。一是治丧委员会领导成员名单，一般按职务排名；二是全体治丧委员会名单，一般以姓氏笔画排列，要交代清楚治丧委员会成员人数。

（2）公告式讣告的注意事项。公告式讣告的三部分，共同组成一个完整的讣告，因此这三部分要同时公布于众。公告式讣告的使用对象，一般是党和国家的领导人，万不可乱用。

### 5. 简便式讣告

简便式讣告依据其存在的形式，可以分为以下两种。

（1）新闻报道式。这种形式常作为一般的消息在报纸或电台、电视台上公布，旨在晓谕社会，内容和形式极其简单。一般只有短短的几句话，只告知逝者的姓名、身份、逝世时间、逝世地点、终年岁数即可。如：××× 厂原厂长孙 ×× 同志因病于 2023 年 11 月 11 日逝世，终年 87 岁。孙 ×× 同志 1956 年参加工作，同年加入中国共产党。

（2）讣帖。讣帖是抄送给个人的一种讣告形式，其内容同一般性讣告完全一样，只是在形式上更为短小而已。

### 6. 讣告范文

讣　告

原 ×× 市委常委，×× 军分区政委 ××× 同志，因病于 20×× 年 × 月 × 日在 ×× 逝世，享年 70 岁。

××× 同志于 19×× 年 × 月出生，×× 省 ×× 市人。19×× 年 × 月参军。19×× 年 × 月加入中国共产党，19×× 年 × 月被授予大校军衔，历在 ×× 团 × 连战士、排长，× 军 × 师主任，×× 省 ×× 县军分区政委、×× 县地委常委，×× 省 ×× 军分区政委，×× 市委常委，20×× 年 × 月经中央军委批准退休。

××× 同志遗体定于 20×× 年 × 月 × 日 × 时 × 分在 ×× 市殡仪馆火化。

××× 同志治丧委员会

20×× 年 × 月 × 日

## 4.2.4　悼词

### 1. 悼词的概念

悼词，从前叫作祭文、吊文、哀辞，是对逝者表示哀痛和怀念的致词。它既是对逝者的敬仰、悼念，又是对逝者亲属的安慰。

悼词，可以在追悼逝者的大会上宣读，也可以在报刊上发表。

### 2. 悼词的特征

（1）总结逝者生平业绩，肯定其一生的贡献。悼词是一种具有高度思想性和现实性的文体，人们既以此寄托哀思，又通过逝者的业绩激励后来者。

（2）表现形式和表现手法的多样性。概括来讲，悼词充分肯定逝者对社会的贡献，真诚表达生者对逝者的悼念和敬意，以质朴无华的语言和多种多样的形式体现化悲痛为力量的积极内容。

### 3. 悼词的构成及写法

悼词一般由标题、正文、落款三部分组成。

（1）标题。标题的组成方式有两种。一种是直接以文种名称作为标题，如《悼词》；一种是由逝者姓名和文种名共同构成，如《在宋庆龄同志追悼会上的悼词》。

（2）正文。悼词的正文通常由开头、中段、结尾三部分构成。

①开头。以沉痛的心情说明召开或参加此次追悼会的目的，逝者的职务、职称和称呼，以示尊崇，要注意这些称呼之间的先后排列顺序。接着，概述逝者何年何月何日何时何因与世长辞，以及所享年岁等。

②中段。承接开头、缅怀逝者。这是悼词的主体部分。该部分主要由两方面组成。一是介绍逝者的生平事迹，即对逝者的籍贯、学历以及生平业绩进行集中介绍，应突出逝者对人民、对社会的贡献；二是对逝者的思想、精神、作风、品质、修养等做出综合的评价，介绍其对他人和社会产生的积极影响，如鼓舞、激励了青年人，为后人树立了榜样等。

③结尾。主要写明生者对逝者的悼念及如何向逝者学习、继承其未竟的事业、化悲痛为力量，为国家、为社会做出更大的贡献等内容。最后，要写上“永垂不朽”“精神长存”或“安息吧”之类的话。

（3）落款。一般署上成文的日期即可。

### 4. 悼词范文

**在马克思墓前的讲话**

恩格斯（1883 年）

3 月 14 日下午两点三刻，当代最伟大的思想家停止思想了。让他一个人留在房间里不过两分钟，等我们再进去的时候，便发现他在安乐椅上安静地睡着了——但已经是永远地睡着了。

这个人的逝世，对于欧美战斗着的无产阶级、对于历史科学，都是不可估量的损失。这位巨人逝世以后所形成的空白，在不久的将来就会使人感觉到。

正像达尔文发现有机界的发展规律一样，马克思发现了人类历史的发展规律，即历来为繁茂芜杂的意识形态所掩盖着的一个简单事实：人们首先必须吃、喝、住、穿，然后才能从事政治、科学、艺术、宗教等等。所以，直接的物质的生活资料的生产，从而一个民族或一个时代的一定的经济发展阶段，便构成基础；人们的国家设施、法的观点、艺术以至宗教观念，就是从这个基础上发展起来的。因而，也必须由这个基础来解释，而不是像过去那样做得相反。

不仅如此。马克思还发现了现代资本主义生产方式和它所产生的资产阶级社会的特殊的运动规律。由于剩余价值的发现，这里就豁然开朗了，而先前无论资产阶级经济学家或社会主义批评家所做的一切研究都只是在黑暗中摸索。

一生中能有这样两个发现，该是很够了。即使只能作出一个这样的发现，也已经是幸福的了。但是马克思在他所研究的每一个领域，甚至在数学领域，都有独到的发现，这样的领域是很多的，而且其中任何一个领域他都不是浅尝辄止。

这位科学巨匠就是这样，但这在他身上远不是主要的。在马克思看来，科学是一种在历史上起推动作用的、革命的力量。任何一门理论科学中的每一个新发现——它的实际应用甚至还无法预见——都使马克思感到衷心喜悦。但是当有了立即会对工业、对一般历史发展产生革命影响的发现的时候，他的喜悦就完全不同了。例如，他曾经密切地注意电学方面各种发现的发展情况，不久以前，他还注意了马塞尔·德普勒的发现。

因为马克思首先是一个革命家。他毕生的真正使命，就是以这种或那种方式参加推翻资本主义社会及其所建立的国家设施的事业，参加现代无产阶级的解放事业，正是他第一次使现代无产阶级意识到自身的地位和需要，意识到自身解放的条件——这实际上就是他毕生的使命。斗争是他的生命要素。很少有人像他那样满腔热情、坚韧不拔和卓有成效地进行斗争。最早的《莱因报》（1842年）、巴黎的《前进报》（1844年）、《德意志-布鲁塞尔报》（1847年）、《新莱茵报》（1848—1849年）、《纽约每日论坛报》（1852—1861年），以及许多富有战斗性的小册子，在巴黎、布鲁塞尔和伦敦各组织中的工作，最后是创立伟大的国际工人协会，作为这一切工作的完成——老实说，协会的这位创始人即使别的什么也没有做，也可以拿这一结果引以为豪。

正因为这样，所以马克思是当代最遭忌恨和最受诬蔑的人。各国政府——无论专制或共和政府，都驱逐他；资产者——无论保守派或极端民主派，都纷纷争先恐后地诽谤他、诅咒他。他对这一切毫不在意，把它们当作蛛丝一样轻轻抹去，只是在万分必要时才给予答复。

现在他逝世了，在整个欧洲和美洲，从西伯利亚矿井到加利福尼亚，千百万革命战友无不对他表示尊敬、爱戴和悼念。而我敢大胆地说，他可能有过许多敌人，但未必有一个私敌。

他的英名和事业将永垂不朽！

## 4.2.5 对联

### 1. 对联的性质

对联属于一种凝缩了的文学艺术品类。在众多的文学品类中，对联与格律诗有着极其相近的特征，那就是都以最精巧的语言和有节奏的韵律，集中地反映人们的生活并抒发感情。对联与格律诗相比，其实质是相同的，只是形式上有所不同。其实，一副好的对联，就是一首诗。可以说，对联是具有特殊形式的诗。

### 2. 对联的特点和写作注意事项

概括对联的特点，主要有四个方面。一是形式对称，二是内容相关，三是文字精练，四是节奏灵活。也有人将其称为对联四美，即建筑美、对称美、语言美和节律美。下面，从这四个方面阐述对联的写作注意事项。

（1）形式对称。对称，指上下联句的对仗形式，也称对偶形式。对联中的对仗，是在对联的出句和对句中，把同类的概念或相对的概念放在相对应的位置上，使之并列起来，形成联句的对称美。

在对仗中，句法、结构相同的语句相对仗是较普遍的。如王安石集谢贞、王籍诗句联：

风定花犹落，鸟鸣山更幽。

但也有一些对仗只是字面相对，并不一定在句法、结构上相同。如下联：

永忆江湖归白发，欲回天地入扁舟。

句中出句的“白发”不是“归”的直接宾语，“归白发”实际上是“白发归”的倒装句，对句的“扁舟”则是“入”的直接宾语。

此外，在对仗中，还要考虑联中要表达何种感情，所选择的词是否合乎事物的常理，所选择的意象是否达到所表达的艺术效果。因此，两者要兼顾，不能以辞害义。在偶对中琢字要贴切，古人云“选字无垠，用字有师”就是这个道理。

（2）内容相关。对联，之所以称为对联，不仅在于对仗，重要的还在于一个“联”字，对联不联则不能称为对联。有的对联不但内容相关，而且在形式上也做到相互关联。如徐树人所撰一副对联：

唯贫病相兼，乃称寒士；并钱漕不取，才算清官。

此联意思是：只有贫病交加，才算寒士；不爱钱不征税，才算清官。上联是陪衬，下联是正意，一“乃”一“才”表示其条件关系。

（3）文字精练。对联之所以从古至今千年不衰，一个很重要的原因就是它文字精练，表现力强，精悍短小，便于传播，对仗精巧，朗朗上口。如云南昆明西山三清阁联：

听鸟说甚，问花笑谁。

此对联以拟人的手法写景，使人联想此地定是鸟语花香、风景秀丽的景区。全联仅用八个字，便精到地概括了群鸟争鸣、花开似锦的自然景观，可谓妙笔生花之句。

（4）节奏灵活。对联与诗词的不同之处在外在形式上，即对联的字数、篇幅不限，相比之下，比较灵活、自由。但有一点必须注意，即对联的上下联的字数必须相等。

对联的节奏是比较灵活的，但它并不是无序可循。所谓的节奏灵活，是说它没有固定的程式。在长联中只要做到大概的平仄交错就可以了，因为节奏与平仄是同气相连的两个方面。至于七言以下的短联，因字数少，要求须严格些。但无论如何，在不以辞害义的前提下，上联尾字须是仄声，下联尾字须是平声。一些名联打破这种常规实为可谅。但作为初学者，切不可效仿，仍以工对为好。这样，可提高属对水平。

下面把对联的特点和写作注意事项编成口诀，以便于记忆。

上下联句须相同，字词失对理不通。
联句有机成一体，最忌孤立各西东。
杂乱冗长生大错，意象完美见句工。
节奏轻重分扬抑，一吟三叹韵无穷。

**知识拓展**

### 公文写作和文学作品写作的区别

1. 写作风格的不同

公文写作与文学创作在内容、词汇、语义、语言、写作动机、受众范围等方面具有本质的不同。作为直接服务于社会的文体，公文反映的是公务活动中的客观事实，要求用最准确的语言、最精练的文字来表达发文机关的意图。公文语言一旦出现紊乱或不得体，轻则败坏机关名誉，重则给工作带来不可弥补的损失，所谓“一字入公文，九牛拔不出”，说的就是这个道理。而文学作品是想象的产物，是个体生命的表现，可以对所写的人与事进行艺术上的虚构、改造和加工，以反映生活的本质。

### 2. 写作手法的不同

鲁迅先生说过："正如作文的人，因为不能修辞，于是就不能达意。"适旨应境的修辞，能使文章的语言陡然生辉，焕发出动人的魅力，这是任何一种文体都梦寐以求的艺术境界。文学创作可以根据表达的需要而选择任何一种写作手法。但并不是所有的写作手法都适用于公文。公文的写作手法，可以从下面几点进行选择。

（1）增强文章情境性、说服力和节奏感的写作手法。在公文写作中，如果要表达作者的立场、观点，并使对方与自己产生思想和情感上的共鸣，可选用具有鲜明感情色彩的语词，错落有致、逻辑性强的句式来表明观点和内容；借用排比、层递、回环、反复、反问、设问等来壮大语势，增强说服力和节奏感，给人留下深刻的印象。

（2）增强文章趣味性、生动性的写作手法。在公文写作中，如果要增强文章的趣味性、生动性，可运用象征、明喻、暗喻、比拟、对偶、拟人等辞格。

（3）对有严格要求公文的写作手法。在公文写作中，如公文语体受其内容和条件限制，要求语言明确、简要、质朴，那么，容易影响到表意单一性和准确性的修辞，如象征、比拟、比喻、夸张以及感情色彩浓厚的语词等，一般不用或少用。

## 学习案例

**请　柬**

××电视台：

兹定于5月4日晚八时整，在××大学学习堂举行"五四"青年诗歌朗诵会，届时恭请贵台派记者光临。

××大学团委会

×年×月×日

◆ 想一想

请柬的格式是怎样的？

◆ 案例分析

请柬一般由标题、称呼、正文、结尾、落款五部分构成。

（1）标题。封面上写的“请柬”（“请帖”）二字就是标题。一般还要做一些艺术加工，可用美术体的文字，文字可以烫金，可以有图案装饰等。需要说明的是，通常请柬已按照书信格式印制好了，发文者只需填写正文。封面也已直接印上了名称“请柬”或“请帖”字样。

（2）称呼。要顶格写上被邀请者（单位或个人）的姓名或名称。

（3）正文。要写清活动内容，如开座谈会、联欢晚会、生日派对、国庆宴会、婚礼等。写明时间、地点、方式。如果是请人看戏或其他表演，还应将入场券附上。若有其他要求也需注明，如“请准备发言”“请准备节目”等。

（4）结尾。要写上礼节性问候语或恭候语，如“致以——敬礼”“顺致——崇高的敬意”“敬请光临”等。在古代，这叫作“具礼”。

（5）落款。署上邀请者（单位或个人）的名称和发柬日期。

## 小结

学习情境4，主要内容是介绍礼仪文书的种类和写法。

礼仪文书是为实现礼仪目的或在礼仪场合使用的文书。礼仪文书可以包括贺卡、请柬、名片、祝贺信、慰问信、感谢信、喜报、祝酒词、祝寿词、礼笺、对联等。这里指的是礼仪方面的外交文书和对外文书，是常用的应用文体之一。

礼仪文书的写作要求切姓氏、切时日、切年龄、切身份、切情感，必须根据一定的场合或一定的条件加以运用，绝不可混淆。邀请，要言辞恳切；哀悼，要哀伤情真。在写作这类文书时，一定要自然而有分寸地表达出来。

## ◎ 单元小练

1. 填空题

（1）请柬，又称 ____________，是邀请单位或个人参加会议或活动时使用的一种 ____________。

（2）对联属于一种凝缩了的文学艺术品类。在众多的文学品类中，对联与 ______ 有着极其相近的特征，那就是都以最精巧的语言和有节奏的 ______，集中地反映人们的生活并抒发情感。

2. 简答题

（1）简述请柬的写作要求。

（2）祝词的构成及写法是怎样的？

学习情境

5

# 启告文书

## 情境导入

**××经济管理干部学院招生启事**

我院是经国家教委审定备案，主要培养实用型高级经营人才与管理人才的成人学校。二O二四年扩大招生，具体内容如下。

一、招收：财会电算化（50人）、金融（50人）、经济贸易管理（50人），学制二年；学习形式是全脱产，全省招生。

二、招收：工业企业管理（50人）、财会电算化（50人）、金融（80人）、经济贸易管理（60人），学制三年；学习形式是业余，××地区招生。

三、二O二四年三月二十日至三月底，考生在各地（市）县（区）招生机构报名。

学院地址：（略）

联系电话：（略）

××经济管理干部学院招生办

二O二四年一月十五日

## 案例导航

这是一份征召类启事。首行正中写启事的名称，然后另起一行空两格写启事的内容；末尾右下方，分两行写启事者的姓名或单位名称和启事的日期。

启事的内容考虑周到，招生科目和招生人数写得具体明确，语言简明，通俗易懂。

**学习目标**

◎ 知识目标

了解启告文书的性质、特点与种类。

掌握启告文书的写作方法。

◎ 能力目标

能对广告、海报的内容进行分析。

能独立创作启告文书。

◎ 素质目标

提高对信息的理解和分析能力。

增强创新意识与创新能力。

**思政目标**

通过对启告文书的学习，明确宣传的意义，增强弘扬中国文化的意识。

# 学习单元 5.1　启告文书的性质和特点

## 5.1.1　启告文书的性质

启告是陈述、告知的意思。所谓启告文书，就是向公众宣布、说明事物的一种应用文体。

## 5.1.2　启告文书的特点

启告文书大致有下面三个特点。

（1）受众广泛。启告类文书往往公开发布，不单独指向某一个人，而是面向大众，因此受众广泛。

（2）时效性强。启告类文书一般都是对近期发生的情况或变化，进行公开的告知或说明，以让公众迅速知晓。如果启告过期，就没有什么意义了。

（3）传播迅速。启告类文书受众广泛，再加上通信技术发达，因而能在短时间内被迅速传播。

※【小提示】

**启告文书是否具有法律效力**

启告类文书具有法律效力的前提是合法。比如，子女声明和父母脱离关系，不尽赡养义务了，这声明是无效的。

书面声明比较严谨，能公证更好。口头的声明要有两个以上与自己没有利害关系的人做证。

# 学习单元 5.2　启告文书的种类及写法

## 5.2.1　广告

### 1. 广告的概念及分类

广告，即广而告之之意。广告是为了某种特定的需要，通过一定形式的媒体，公开而广泛地向公众传递信息的宣传手段。

广告有广义和狭义之分。广义的广告包括非经济广告和经济广告。非经济广告指不以营利为目的的广告，又称效应广告。如政府行政部门、社会事业单位乃至个人的各种公告、启事、声明等，主要目的是推广。经济广告，又称商业广告，是指以营利为目的的广告，通常是商品生产者、经营者和消费者之间沟通信息的重要手段，或企业占领市场、推销产品、提供劳务的重要形式，主要目的是扩大经济效益。狭义广告仅指经济广告。

### 2. 广告的构成及写法

广告的内容公认有四部分：标题、正文、广告语和随文。

（1）标题。以标题与主题的关系为主要标准，标题分为以下几种。

①直接标题。直接诉求，表明主题和好处，如《为了让大家有最新的产品收看电视节目》。

商品化直接标题，如《中华牌牙膏》《九月份新影片预告》。

艺术化直接标题，如《心心知我心，爱华暖人心》。

②间接标题。不直接点明主题，注意力转向正文和图片，迂回曲折地表现主题，从而引起公众关注，如《今后 50 千米没有加油站》。

③复合标题。如《洗发精：现在可以从头发上洗刷掉岁月的痕迹了——母女俩有同样的头发、相似的容貌》；又如，《西凤酒——送客亭子头，蜂醉蝶不舞，三阳开国泰，美战柳林酒》。

（2）正文。正文的写法大概有以下几种。

①开门见山。如“消费者利益及保证，事实为本”。

②言简意赅。调查表明，广告文字增加到 50 个字，读者人数随着字数的增加而急剧下降。

③有趣动人。手法幽默，形象，如“世上所难得者唯趣”。

④富有号召力。激情，义正词严。

（3）广告语。广告语由导语、主体、结尾组成。

①导语（前言、引言）。上接标题，下启主体，概括性介绍主题。

②主体。紧扣主题，精选事实，点面结合，层次分明。

③结尾。作用是催促消费者采取行动，文字不宜太长，要简短有力。

（4）随文。随文又称附文。随文的内容，包括购买商品或获得服务的方法；权威机构的证明标志；客服电话；网址；特别说明；品牌（企业）名称与标志等。

随文是广告必要的附加说明，一般放在广告文案的最后部分。

### 3. 广告范文

**××牌电风扇广告**

正题：××牌电风扇

副题：高级电脑遥控扇

正文：本产品是技术密集型产品，款式新颖，色调温馨。全遥控功能，遥控范围半径 10 米；电脑模拟自然风，六种模式睡眠风，任您选择；使用睡眠键，一键播放轻柔乐曲；可定时长达八小时。

广告语：××牌电风扇，送您一个清凉的夏天！

随文：××电风扇厂　地址（略）　电话（略）

## 5.2.2 海报

### 1. 海报的概念

海报是向公众报道或介绍有关电影、戏曲、杂技、体育、学术报告会等消息时所使用的一种招贴性应用文。

海报通常张贴在有关演出的场所或较为醒目的地方，告知有关活动的事项。有的海报还可以在广播电视上播出。

### 2. 海报的分类

海报一般而言，从内容上可以分为下列几类。

（1）电影海报。这是影剧院公布演出电影的名称、时间、地点及内容介绍的一种海报。这类海报有的还会配上简单的宣传画，将电影中的主要人物、画面形象地绘制出来，以增强宣传的力度。

（2）文艺晚会、杂技、体育比赛等海报。这类海报同电影海报大同小异，它宣传的是观众可以身临其境进行娱乐观赏的演出活动。这类海报的设计往往要新颖别致，引人入胜。

（3）学术报告类海报。这是一种为宣传一些学术性的活动而发布的海报，一般张贴在学校或相关的单位。学术类海报具有较强的针对性。

### 3. 海报的写作格式和内容

海报一般由标题、正文和落款三部分组成。

（1）标题。海报的标题写法较多，大体有以下几种形式。

①单独由文种名构成，即在第一行中间写上“海报”字样。

②直接由活动的内容承担题目，如《舞讯》《影讯》《球讯》等。

③可以是一些描述性的文字，如《××× 再显风采》《×× 寺旧事重提》。

（2）正文。海报的正文要求写清楚以下几点。

①活动的目的和意义。

②活动的主要项目、时间、地点等。

③参加的具体方法及一些必要的注意事项等。

（3）落款。要求署上主办单位的名称及海报的发文日期。

以上的格式是就海报的整体而讲的，在实际的使用中，有些内容可以少写或省略。

### 4. 海报范文

海　报

×× 县川剧团将来我市演出川剧《鸳鸯楼》《张飞认母》。

时间：7 月 2 日至 18 日每晚 7 时 30 分

地点：×× 影剧院

票价：每人 10 元

×× 市 ×× 主办组

× 年 × 月 × 日

## 5.2.3 启事

### 1. 启事的概念

“启”字含有“陈述”的意思。“事”即事情。启事，就是公开陈述事情。单位或个人将需要向大众说明并请求予以支持的事情简要写出，通过传媒公开，这样的应用文就是启事。

### 2. 启事的类型

（1）按内容划分，启事大体有如下几类。

①招取类。如招领启事、招工启事、招生启事、招聘启事等。

②征求类。如征订启事、征文启事、征地启事、征婚启事等。

③寻找类。如寻人启事、寻物启事。

④变更类。如改期启事、更名启事、迁址启事、出租启事等。

⑤经营类。如开业启事、停业启事、庆典启事等。

（2）按公布的形式划分，启事有报刊启事、电视启事、广播启事、张贴启事等。

（3）按写作目的划分，启事有征招类启事、寻找类启事、告知类启事。

①征招类启事，是向公众征招有关的人或物的启事。如征稿、征婚、征友、招生、招聘、招工、招商、招标等启事。

②寻找类启事，是向公众寻找有关的人或物的启事。如寻人、寻物等启事。

③告知类启事，是提醒公众注意有关事项的启事。如开业、停业、更名、更正、迁移、庆典等启事。

### 3. 启事的特点

（1）周知性。启事所涉及的内容必须是需要向社会公众公开陈述的有关事项。因此，周知性便成为其第一个特点。为了使有关事项被社会公众周知，它往往采用多种多样的发布途径和发布形式；既可以抄写张贴在公共场所，也可以制成印刷品广泛传播；既可以在报刊登载，也可以利用广播、电视播放。

（2）商洽性。启事和通知、通告一类的公文虽然都具有周知性，但它不像通知、通告等公文那样具有行政的强制性和约束力。机关、单位需要社会公众周知有关事项时，因它们与告知对象之间在行政上并没有隶属关系，故不能以通知、通告之类的行政公文发布，而只能采用启事以商洽的语气向社会公众陈述有关事项；不能硬性规定公众必须阅读、收看或者收听，更不能强制公众必须办理、执行。

（3）祈请性。启事的目的不仅在于向公众公开告知有关事项，而且更侧重于请求公众协助办理。

### 4. 启事的构成及写法

启事一般由标题、正文和落款三部分组成。

（1）标题。标题写在第一行中间，用比正文大的字写。

①只用文种作标题或在文种前面加上修饰性词语，如《启事》《重要启事》《紧急启事》。

②用事由作标题，如《寻人》《招聘》《营养师培训班招生》。

③用事由和文种组成标题，如《寻物启事》《征稿启事》。

④由启事者、事由和文种组成标题，如《×× 医科大学 50 年校庆启事》《×× 杂志征文启事》。

（2）正文。在第二行空两格写正文。

正文因启事所说明的事项不同而异，一般应包括目的、意义、原因、要求、对象、条件、待遇、询问事宜、联系方法、联系时间等项目。正文是主体，内容要周到完整；语言要具体明确、简明扼要、中肯礼貌，使人一读就懂，切忌啰唆。正文的篇幅和结构，要根据不同的内容和要求而有所变化。例如，“寻物启事”，要写清楚丢失物件的时间、地点、数量、颜色和形状等特征。而“招领启事”，只要写明拣到物品的时间、地点就可以，不必写出数量和其他特征，要让失主前来认领时自己说出来，以防别人冒领。

启事的正文可以有多种写法。如一段式写法，启事内容简单的通常一段成文；分段式写法，启事内容丰富的通常分几个段落成文；条款式写法，启事内容多的应分条列项地写清楚。

在正文后，可以写上“此启”或“特此启事”之类的结束语，也可以不写。

（3）落款。落款在正文后右下角，写上启事单位名称或个人姓名。单位名称已写入标题的，落款处就不必再写。

### 5. 启事范文

**××× 学校 20×× 年招生启事**

一、招生对象

具有初、高中学历，年满 15 周岁，生活学习能够自理，无传染性疾病，符合本专业身体要求，婚否不限。

二、报名时间及方法

报名时间：4 月 1 日起。

报名方法：报名者持身份证或户口本及学历证明，直接到我校招生就业办公室报名。

三、招生录取

保证符合条件的考生可全部入学。录取通知书加盖××省招生考试委员会普通中专录取专用章，由我校寄发。

四、在校待遇

凡是农村户籍的学生和县镇非农户口的学生以及城市家庭经济困难的学生，在校前两年均可获得国家助学金。资助标准为每生每年1500元。

五、学历待遇

普通中专属普通中等职业教育。考生凭录取通知书办理户口迁移手续，完成学业且成绩合格者，由××省特殊教育中等专业学校颁发中专毕业证书，省教育厅颁发就业报到证。经考核合格，可获得所学专业国家中级职业资格证书。

学校地址：×××市×××路131号

邮编：××××××

招生咨询电话：××××××××

联系人：刘老师、任老师、潘老师

20××年3月1日

**寻物启事**

3月23日晚8:00前后，本人在第一教学楼遗失一个书包，内有钱包一个、手机一部及其他物品若干。有拾到者请与本人联系，本人愿付酬金。

联系电话：13007628×××

联系人：田××

启事人：田××

20××年3月24日

## 知识链接

**“启事”不同于“启示”**

一定要注意区分“启事”与“启示”。“启事”是为了公开声明某事而登在报刊上或贴在墙上的文字，这里的“启”是“说明”的意思，“事”就是指被说明的事情。而“启示”的“启”，则是“开导”的意思，“示”是把事物摆出来或指出来让人知道。“启示”是指启发指示，开导思考，使人有所领悟。

可见“启事”和“启示”的含义截然不同，二者不能通用。无论是“征文启事”还是“招聘启事”，都只能用“事”字，而不能用“示”字。

## 5.2.4 声明

### 1. 声明的概念

声明是国家机关、社会团体、企事业单位或个人在日常生活、工作中，为维护自身权益而就某一重要问题或某些具体事务向公众公开表明立场、观点和态度或发表主张的应用文体。

### 2. 声明的特点

声明将有关问题或事项直接告知公众，同时表明自己的观点、立场或态度。它的目的就是让公众了解情况，但不会对公众提出要求，因此具有明显的告知性。

### 3. 声明的分类

声明一般分为两类。一类是为维护自己的合法权益、引起公众的关注，并要求侵害行为立刻停止的声明；另一类是在遗失了重要证件或凭据、证明等时，为防止别人冒领或滥用而发表的声明。

### 4. 声明的基本结构

（1）标题。标题有以下三种类别。

①只写文种“声明”。有时，会在“声明”前加修饰性词语，如《重要声明》《郑重声明》等。

②由事由和文种构成，如《遗失声明》。

③由声明方、事由和文种构成，如《×× 公司经理授权 ×× 律师发表严正声明》。

（2）正文。正文一般包括以下三部分内容。

①简介声明缘由及有关事项。简要交代某一重要问题或重要事件的事实情况以让公众知晓，如哪些方面遭到侵权、具体情况如何等。

②表明态度。就有关事件或问题公开表明立场、观点、态度或发表主张，最后提出为制止事件继续发展而将采取的措施、办法，即对侵权者发出严正警告。

③结尾常用“特此声明”等。

（3）落款。落款部分写明发表声明的单位名称或个人姓名、日期。

## 5. 声明范文

**《×× 校报》维权声明**

《×× 校报》对《×× 校报》所刊载的文字和图片的全部内容享有独占和排他性的出版权。非经《×× 校报》事先书面授权，任何第三方不得以任何形式、通过任何途径或载体，对《×× 校报》的任何文字或图片内容进行转载、复制、传播、展示、出版或进行其他任何形式的商业性使用、开发或利用（合称“未经授权的行为”）。

有意转载或以其他形式使用《×× 校报》任何文字或图片内容的报社、期刊社、图书出版者或其他任何第三方，均应事先与《×× 校报》联系（电话：×××—×××××××××），获得校报的书面授权。

《×× 校报》社

× 年 × 月 × 日

**遗失声明**

×× 职业学校 ×× 同学因不慎将身份证及学生证遗失，身份证号码为××××××××××××××××××，特声明作废。

挂失人：×× 职业学校 ××

× 年 × 月 × 日

### 知识链接

（1）声明的目的就是维护合法权益和信誉，因此，写作时要注意针对性，要直接对侵权者表明立场、观点、态度，并对此做出警告。

（2）声明的语言要准确、严谨、得体，语气要果断坚定，避免使用文学性语言。

（3）声明可由当事人自己发布，也可授权律师发布，还可以由当事人和律师一起发布。

## 知识拓展

### 通常需要使用“声明”的情况

（1）维护权益。当个人的某种合法权益受到侵害时，可以通过声明来维护自己的权益。

（2）表明态度。如果需要引起公众关注，或者需要对自己的行为、观点或态度进行公开表态，可以选择使用声明。

（3）防止冒领。当丢失了支票、证件等重要凭据或证明文件时，可以通过声明来防止他人冒领或冒用。

（4）办理特定事务。在某些特定事务中，例如，办理放弃继承权声明书公证，需要提交相关的权利证明和被继承人的死亡证明等材料，然后在声明书上签字。

（5）证明某些信息。比如，在某些情况下，个人需要对本人提供的个人信息的真实性发表声明。

需要注意的是，虽然声明具有一定的法律效力，但如果声明的承诺失实，不仅会受到严厉的处罚，更会被舆论所谴责。因此，在使用声明时，应确保其内容的真实性和准确性。

## 学习案例

### 寻人启事

李丽丽，女，18岁，身高1.6米，瓜子脸，肤白，大眼睛，气质优雅，身穿浅红色连衣裙，白色皮凉鞋。于7月14日离家，至今未归。本人若见到此启事，请尽快同家人联系。有知其下落者，请与××市×××大学××系李强联系，或请与××市×××路派出所联系。定重谢。

联系电话：×××××××

联系人：李强

×年×月×日

◆ 想一想

寻人启事的正文一般包含哪些内容？

◆ 案例分析

寻人启事的正文，一般包括以下几项内容。

（1）走失人的身份、特征。主要包括走失人的姓名、性别、年龄、外貌、衣着、说话口音等内容。这是辨识走失人的主要依据，一般要非常详细，体貌上有明显特征的要特别指出。

（2）走失的时间、地点。这项内容，要说明走失人在什么时间、什么地点走失的，同时还须注明失踪的具体原因。

（3）联系方式。寻找人应将详细的通信地址或联系方式写出来，以备发现人及时同寻找人取得联系，找到失踪者。

（4）结语。在正文的后面，有的寻人启事还会写上几句酬谢之类的话语。另外，针对那些因故出走的人的寻人启事，还会写上诸如“本人见到启事后，速回”，或“家人十分挂念，本人见到启事速同家人联系”的话。

## 小结

学习情境 5 主要介绍启告类文书的种类及写作方法。

启告是陈述、告知的意思。启告文书，是应用文的一种，是向公众宣布、说明事物的文体。

启告文书一般包括以下内容。

告启事由。说明发布启事的主要目的，使公众迅速明白启事的主要意图。

告启事项。具体内容和方式。

结束语。“特此启事”“此启”，也可不写。

通常还会在正文之下注明地址、邮政编码、联系人、电话等信息。

## ◎ 单元小练

1. 填空题

（1）广告是为了某种特定的需要，通过一定形式的 ________，公开而广泛地向 ________ 传递信息的宣传手段。

（2）启事，就是 ________ 陈述事情。单位或个人将需要向大众说明并请求予以支持的事情简要写出，通过 ________ 公开。

2. 简答题

（1）海报可以分为哪几类？

（2）简述声明的概念和种类。

# 学习情境 6

# 宣传文书

## 情境导入

**女孩得救　好人已骑摩托去**

**素不相识　解囊相助 3400 元**

**本报讯**　昨日下午 5 时许，市交电站陈样良同志来到学校团委宣传活动部，请求为其外甥女寻找救命恩人。

他向工作人员叙述了这样一个动人的故事。

7 月 6 日下午 2 时 30 分，文昌阁小学三年级女学生刘灿，在黄兴路皇仓湾学骑自行车时不慎摔倒，肚子被单车脚踏杆戳穿，当场不省人事。刘灿的母亲是在长沙打工的农村妇女，见到这一情景，焦急万分，束手无策。正在这时，一位中等身材、脸庞微胖、身穿 ×× 学校校服的小伙子对她说：“不要急，赶快送医院抢救。”然后，这位小伙子帮着她们母女叫来出租车，直奔省人民医院。由于刘灿伤势过重，急需动手术，这位小伙子当即掏出身上的 3400 元作为治疗费用。当小伙子转身要走，刘灿的母亲拉住他一边说着感谢的话，一边请他留下姓名。这位小伙子说：“救人要紧，我的姓名不重要。”这时，刘灿的母亲“扑通”一声跪下，含泪对他说：“请你留下姓名，等孩子好了，我们一家去感谢你。”但他还是说：“你去照顾女儿，我还有急事。”然后，这位小伙子就消失在人群中。由于抢救及时，刘灿已转危为安。医生说：如果不是送医及时，刘灿就会有生命危险。

## 案例导航

从报道的选材、叙述方法及表现技巧上来看，这则消息不失为一篇佳作，值得我们去分析，并从中得到有益的启迪和借鉴。

这则消息的主题，就是抓住了受恩欲报和施恩不图报这样一种观念上的冲突。作者通过对一个事件的简洁叙述，突出地把两种观念以及它们的碰撞，形象而生动地展示在读者面前。作者没有发表任何意见，只是客观地讲述，没有评论，没有感慨。但是作者要表述的观点，读者在消息中，自然而然地感受到了，也接收了。题材好，事件本身发人深省，作者只要把事实讲清楚，用不着去引申或抒发什么，就可以达到宣传某种思想、用正确的思想去引导和感染读者的目的。

## 学习目标

◎ 知识目标

了解宣传文书的概念和特点。

了解宣传文书的种类。

掌握各类宣传文书的写法。

◎ 能力目标

掌握宣传文书的格式。

能够独立书写各类宣传文书。

◎ 素质目标

增强学生全面思考的能力，提高学生的逻辑思维能力。

## 思政目标

通过对宣传文书的学习，提高对信息的辨别能力，提高政治思想素质。

# 学习单元 6.1　宣传文书的概念和特点

## 6.1.1　宣传文书的概念

宣传文书，是社会组织通过新闻媒介传播信息的文体形式。宣传文书的核心就是新闻。

宣传文书分为四大类，分别是消息、通讯、新闻评论、广播稿。

## 6.1.2　宣传文书的特点

宣传文书的特点是：真实性、公开性、导向性、可读（视、听）性、时宜性。

※【小提示】

**宣传文书之财经新闻的特点**

1. 强烈的时效性

财经新闻重在“快”和“新”，一般是当天发生，当天就要上广播、电视或见报纸，动态新闻更是如此。

2. 严格的真实性

所谓真实性，是指新闻的内容必须写真人、叙真事、说真话、讲真理。不允许制造虚假新闻。

3. 鲜明的政治性和思想性

财经新闻是财政经济工作的真实反映，提倡什么，反对什么，应旗帜鲜明，立场坚定，始终和中央保持一致。

# 学习单元 6.2　宣传文书的种类及其写法

## 6.2.1　消息

### 1. 消息的概念

新闻有广义和狭义之分。广义的新闻包括消息、通讯、特写、新闻评论、新闻图片等文体形式；而狭义的新闻就是指消息。

消息是以简要明快的语言及时报道新闻事实的新闻体裁。

### 2. 消息的特点

（1）用事实说话。消息是以事实做基础的，必须用事实说话。事实是消息的主体，而不是例证或者案例分析。消息的任务是报道新闻事实，它主要靠事实材料（如真实的数据）来说服受众。缺乏具体事实的消息，只有空洞的议论，也就失去了消息最本质的特征。

（2）时效性强。消息比其他任何新闻报道体裁都更要求快捷。消息的报道必须尽量做到“当日事，当日报”。重大事件一般以消息的形式发当日新闻，甚至几分钟之内就要发出，然后再用其他新闻文体报道。

（3）短小精悍。消息使用尽量少的文字传递尽可能多的信息，这既符合消息讲究时效性的要求，也迎合了人们接受新闻的习惯，同时也节约了版面。媒体可以在同样的时间内，传达更多的信息量。一般而言，消息字数在 300 ～ 500 字，简讯、短讯则更短，基本上在百字以内，甚至几十个字、一句话。

### 3. 消息的内容及写作格式

（1）标题。消息的标题有四种形式：①正题；②引题 + 正题；③正题 + 副题；④引题 + 正题 + 副题。

消息的标题要醒目、准确、简洁、新颖、生动，题文一致，抓住要旨。应居中书写，两端空大致相等的位置，一般不用标点符号。

（2）消息头。消息头由媒体 + 地点 + 时间构成。

消息头的常见形式有四种：① ×× 报（台）消息或 ×× 报（台）记者报道；② ×× 台 × 时从 × 地报道；③据 ×× 社或 ×× 报报道；④ ×× 报（台）综合消息。

消息头要简明、准确，空两格书写，字体一般较粗。

（3）导语。导语可分为概述式、评论式、描写式、引语式四种类型。

导语要突出全文主要内容，必须具备时间、地点、事情等要素，要短小精练，要言不烦。

（4）主体。主体是一则消息的“躯干”“主干”，最重要，花费笔墨最多。

主体有纵式、横式、纵横结合式三种结构。

主体要紧扣导语、中心明确、详略得当。

（5）背景材料。常用的背景材料有对比性材料、说明性材料、注释性材料。

背景材料要选择适当，数字或解释准确无误。切忌喧宾夺主、主观臆断。

（6）结语。结语可分为小结式、交代式、评论式、号召式四种类型。

结语要自然收束，要写得简短精练、新颖生动。

### 4. 消息范文

**3000名师生参加紧急疏散演习**

为提高学校师生在发生突发事件时的应急能力，进一步增强广大师生消防意识和逃生知识，昨天下午，××职业学校组织一、二级师生举行紧急疏散演习。

下午5时，随着持续30秒钟之久的响彻校园的警报声，该校师生紧急疏散演习拉开帷幕。听到警报声后，参加演习的3000名学校师生双手抱在脑后，迅速从办公室和教室有序撤出，快速向操场集中。政教处事先对教学楼的师生撤离路线进行了布置，大家在撤离的过程中快速而不散乱，有关领导和教官在各条线路上进行疏散指导和检查。3000名师生在短短的三分钟内全部安全到达应到地点，没有一点慌乱，一切都显得训练有素。随后，教官对本次疏散活动进行了点评。

据了解，××职业学校高度重视学生的安全教育，在加强校园安全危机防范力度、培养学生危急时刻自救能力等方面进行了较为有效的探索和实践。近年来，该校除经常组织学生观看安全教育的电视片，请消防大队的官兵来校进行防火、灭火的演示，介绍灭火器的使用方法，利用班会和全校集会宣讲安全危机防范和安全意识的重要性外，每年还组织学生举行一至两次紧急疏散演习活动，增强广大学生的安全意识。通过开展安全教育活动，广大学生基本掌握了紧急疏散的要领，安全教育达到了应有的效果。

## 6.2.2 通讯

### 1. 通讯的概念

通讯是以叙述与描写相结合为主要表达方式，综合运用多种表现手法，及时、具体、真实、生动地报告现实生活中新近发生的具有新闻价值的人物和事实的一种常用的新闻体裁。

### 2. 通讯的特点

一般而言，通讯有四大特点：严格的真实性、报道的客观性、较强的时间性、描写的形象性。

### 3. 通讯的种类

（1）按内容划分，通讯一般分为人物通讯、事件通讯、概貌通讯、工作通讯。

（2）按形式划分，通讯分为一般记事通讯、访问记（专访、人物专访）、小故事、集纳、巡礼、纪实、见闻、特写、速写、侧记、散记、采访札记。

### 4. 通讯的写作要求

（1）主题要明确。有了明确的主题，取舍材料才有标准，起笔、过渡、高潮、结尾才有依据。

（2）材料要精当。按照主题思想的要求，去掂量材料、选取材料；把最能反映事物本质的、具有典型意义的和最有吸引力的材料写进去。

（3）写人离不开写事，写事为了写人。写人物通讯固然要写人，但是写事件通讯、概貌通讯、工作通讯，也离不开写人。当然，写人也离不开写事。离开事例、细节、情节去写人，势必写得空空洞洞。

（4）角度要新颖。写作方法要灵活多样，既可以叙述，也可以描写、议论，还可以穿插人物对话、自叙和作者的体会、感受；既可以用第三人称的报道形式，也可以写成第一人称的访问记、印象记或书信体、日记体等。通讯所报道的新闻事实，可以从各个不同的角度去观察、去反映。诸如，正面、反面、侧面、鸟瞰、平视、仰望、远眺、近看、俯首、细察……角度不同，印象各异。若能精心选取最佳角度去写，往往能使稿件陡增新意，别具一格，引人入胜。

### 5. 通讯稿范文

**秋季运动会通讯稿**

10月的金秋是收获的季节，秋风吹拂了校园的清晨，也吹拂着每位运动员的笑脸。也许昨天，我们曾经哭过、闹过、吵过，但是现在我们凝聚成了一种强大的力量——团结。

我们拥有同一个梦想，我们怀着同样炽热的心，我们争取“更快、更高、更强”，我们同喊“友谊第一，比赛第二”。我们是一个平凡而又独特的集体，我们相信，有梦就有远方，有付出就有希望——这就是勇往直前的八年（7）班，一个温暖的班级，每一个成员都为此而自豪。加油吧！八年（7）班。加油吧！运动员们。赛出水平，赛出风格，让我们一起努力！

**知识链接**

**通讯和消息的区别**

一篇优秀的通讯都能缩写成一则消息。从内容上看，消息主要以报道事件为主，向人们报道新近发生的事；通讯报道的是人，写人的思想及实践活动。即使是事件通讯，也要事中见人，因为事情是人做出来的。围绕着事件，描绘出与事件有关的人物的形象；通过写事来写人，表现人的思想、感情和精神世界。消息只简单地报道发生了什么事，不多写情节，也就没有铺开来写。通讯比较详细，不但具体报道前因后果，还展示情节。就篇幅而言，消息较短，简洁明快；通讯具体、细腻、形象。消息立足于让受众“早知道一点”，通讯立足于“多知道一点”，所以消息要快，通讯要详细。

从结构来看，消息为了吸引受众，往往把最主要、最新鲜的内容放在前面，把最精彩的内容放在导语里，呈倒金字塔结构。通讯则不一样，围绕主题，把材料串起来，有故事情节，有细节材料，从头到尾都一样重要。可以按时间来写，也可以按因果关系来写，还可以纵横交错来写。

就新闻时效而言，消息强调的是迅速、快，通讯则要求没有这么严。在信息量方面，消息单薄一点，通讯丰满一点；在信息深度方面，消息简单一点，通讯深入一点。

## 6.2.3 新闻评论

### 1. 新闻评论的概念

新闻评论也叫新闻评价，是新闻媒介所发表的言论的总称，是评价新闻现象的文体，是带有新闻性质的评论文章。

### 2. 新闻评论的特点

（1）时效性。新闻评论所揭示与促进解决的问题，应是人们迫切需要了解、实际生活中迫切需要解决的问题。新闻评论的时效性并不是单纯地求快，而是要根据形势和评论内容的需要及时发表意见。发言要适时，以求取得最佳的社会效果。

（2）政治性。新闻评论的政治性主要表现在它针对具有政治意义的问题发言，围绕重要的政治场景以及在贯彻党的方针政策过程中出现的各种问题，进行实事求是的分析，阐明党的立场和主张。

有些业务问题，如文学艺术问题、体育问题，如果是需要评论的，也要从思想、政策、理论的高度探索其普遍的政治意义，不能就事论事，也不能空发议论，而要就事论理，把准确鲜明的思想观点与具体有力的论据、入情入理的论证有机结合起来。

（3）群众性。新闻评论的内容是实际工作中的重要问题和广大群众迫切关心的问题。新闻评论及时反映人民的愿望、要求和意见，为党立言，为民立言，因而具有广泛的群众性。

如今，新闻媒介越来越注重吸引和鼓励广大群众关心和参与评论工作，包括参与评论的写作。这样，可以让新闻评论拥有更广泛的作者，让评论的内容更加贴近生活、贴近群众，更经常性地反映群众的要求和呼声，也更符合群众的特点和需要。

### 3. 新闻评论的种类

（1）按评论对象的内容分类，新闻评论有政治评论、军事评论、经济评论、社会评论、文教评论、国际评论。应说明的是，诸如文艺评论、体育评论、戏曲评论等专业性较强的评论文章，一般不当作新闻评论，因为这些评论内容更侧重于讨论技术、艺术层面的问题，时效性较弱。

（2）按评论的性质功用分类，新闻评论有解说型评论、鼓舞型评论、批评型评论、论战型评论等。

（3）按评论的表达方式、作者身份和郑重程度的不同，新闻评论可分为社论、编辑部文章、评论、本报评论员文章、短评、编后、编者按、思想评论、专栏评论、新闻述评、论文、漫谈、专论、杂感等。

### 4. 新闻评论的写作要求

（1）选题要恰当。选题就是解决写什么的问题，对新闻评论而言，就是选择要评价的事物或所要论述的问题，也就是确定一篇评论所要评论的对象和论述的范围。具体可以从以下三方面着手寻找选题。

①当前的客观形势、舆论动向和宣传任务，以及中央新近发布的重要决定、工作部署和最新的政策、精神。这些不仅是选题的重要来源，而且有助于选题和立论体现坚定正确的政治方向，赢得人们的重视。

②实际生活中层出不穷的新情况、新变革、新矛盾、新风险，以及来自广大群众和社会基层的呼声和要求。这是新闻评论选题取之不尽、用之不竭的源泉。

③重要的新闻事件和新闻典型。这是社会舆论关注的热点，是结合实际引导舆论、发挥教育功能的好教材，也有助于评论选题富有新闻性和时代感。

（2）立论要突出。论点是评论的灵魂，论点不新鲜、不突出、没有时代感，就无法吸引读者。立论理应符合针对性、新颖性、准确性和前瞻性的要求。立论要针砭时弊，针对不良社会风气和倾向性矛盾；针对偏颇乃至错误的思想，善于触及社会性的思想问题及其实质；运用正面引导或批评论辩的方式对症下药，以促使矛盾转化，帮助人们提高思想认识，产生积极的社会效应。

（3）标题要精当。评论标题以提示论题或作者的见解、意向为目的，通常直接表达作者的立场、观点、态度和倾向，具有较为强烈的感情色彩。评论标题可概括论题范围，也可以昭示中心论点、吸引受众注意。

评论标题多为单一型结构，只有一行主题。可以利用句式或者语气的转换，如把陈述句改换为假设句、疑问句或感叹句，或者把成语、俗语、谚语直接引入或加以改造后用作评论的标题；或采用易字、变结构、谐音的等方法，尽量使标题生动有趣。

（4）论据要典型。评论的论据是用来阐明论点、具有说服力的新闻事实和有关材料。论据既是论点的依据，又是评论判断和推理的基础，因此，精心挑选作为论据的新闻事实至关重要。采用事例来证明论点是一种有效的论证方法。

（5）论证要充分。一篇评论，论证是否充分，说理有无深度，往往关系到它的成败。我们可以根据不同的论点来选择立论、驳论、阐述性评论、解释性评论、提示性评论等多种论证方法。

破立结合是使用较多的论证方法。从说理角度，写评论总要破除一种观点，并树立一种新观点，而为了树立正确的观点，在分析论证的过程中，就要澄清与之有关的模糊观点，纠正错误；反之，为了批驳错误观点，也需要阐明正确的主张。在破立结合的论证中，把深刻的思想内容和平易通俗的论述结合起来，把对立面和立论结合起来，论述才能层层展开，步步深入。

### 5. 新闻评论范文

**时代，你病了**

《微博体，时代的困惑》中称：最近，“微博体”在网络上十分火爆，从“元芳体”到“流氓体”，各种微博蜚语成风，万人转载，似乎“微博体”成为时代的主流，成为网络文化的主导。我觉得“元芳体”和“流氓体”是文化娱乐精神的集中体现，这种嬉戏、调侃、玩世不恭的表象，反映出社会的浮躁氛围和文化的低俗化。对于网络文化而言，娱乐、调侃、浮躁现象是极其可悲的。

尼尔·波兹曼在《娱乐至死》中指出，现实社会的一切公众话语日渐以娱乐的方式出现，并成为一种文化精神。我们的政治、宗教、新闻、体育、教育和商业都心甘情愿地成为娱乐的附庸，而且毫无怨言，甚至无声无息，“其结果是我们成了一个娱乐至死的物种”。

现代社会正在把文化变成一场娱乐至死的舞台，其结果就是使文化精神枯萎。一个泱泱大国，一个文明古国，一个具有深厚文化底蕴和灿烂文明的国度，应拥有绝对精粹、绝对独特，非常高尚、纯洁的文化；一个民族的文化是一个民族的灵魂，是一个民族的精神支柱。希望每个公民都能尊重、爱护我们的文化，努力摒除浮躁、低俗氛围，使我们的文化洁净、厚重，使我们的文化健康发展。

（选自《中国青年报》）

## 6.2.4　广播稿

### 1. 广播稿的概念

广播稿是指供广播电台、广播站播发的稿子。叶圣陶先生曾说：“希望写广播新闻稿的，写完后好好念一遍”“自己先来检验一下，写下来的那些语言上不上口，顺不顺耳”。可见，“上口入耳”是广播稿写作的要法。

### 2. 广播稿的特点

（1）可听性。广播稿主要靠声音来传播信息，语言要通俗化、口语化，要能引起听众的收听兴趣。

（2）快捷性。广播稿靠电波传播声音，速度比任何纸质媒体都要快，时效性更强。

（3）群众性。广播不受空间和文化知识的限制，听众多，范围广，具有广泛的群众性。

### 3. 广播稿的结构和写法

广播稿的结构一般包括标题、导语、正文和结束语。

（1）标题。广播稿的标题力求简短，直接点明主题。

（2）导语。导语即开场白，简要介绍广播稿报道的主要内容。

（3）正文。正文部分是广播稿的主体，主线单一。一篇稿件只围绕一个中心来写，或用对话的形式，或用散文的形式，要突出事实材料的作用，层次分明，过渡自然，使听众听完全文后对主要内容了然于胸。

（4）结束语。结束语要简练精短，写法灵活，与开头相照应。

### 4. 广播稿的写作要求

（1）结构要符合广播的特点，一般不采用网状型、纵横交错式等复杂的结构形式，大多采用顺叙结构和逻辑结构写法。可按时间顺序、事物发展顺序进行写作，上下连贯，前后照应。

（2）语言要通俗化、口语化，念起来顺口，听起来顺耳。句子要短，自然流畅。不能用长句、文言句等，要使人一听就懂，不容易产生误解。

（3）文字要形象生动、通俗易懂，要具有较强的艺术感染力和吸引力。

（4）广播稿要力求短、新、精，即篇幅要短，立意要新，内容要精。

### 5. 广播稿范文

**×××职业学校电台音乐节目广播稿**

A：褪去夏的缤纷色彩，微凉的秋踏着优美的舞步飘然而至。落叶沙沙，像群跳动的音符，让人迷醉。朵朵白云伴着自由飘过晴朗长空。仰望天际，心中生出一丝难言的滋味；听着歌声，想起了很多人、很多事。那些熟悉的、流逝的岁月，就像在秋季晨雾中的花园，朦胧而美丽……织梦好，好织梦。

A：大家好，今天是2024年____月____日，星期____。欢迎收听校园广播《音乐之声》节目。我是主播________。

B：我是主播________，本期编辑________。

B：在这个略带伤感的季节里，在时间与岁月的轮回里，除了回忆，我们还能干什么呢？看一本书？写一段文字？想一些人？又或者是听一首难忘的歌？其实这都是一种说不出的寂寞。

A：寂寞是可以用一把吉他淡淡地弹，淡淡地唱，再加上淡淡的风笛声。在秋天这个多愁善感的季节，独自坐在窗边，总让人有意无意地想起那些人、那些事，记忆很模糊、很平淡，有感伤也有憧憬，但没有泪。就像编者说的那样：“我承认这个季节我是寂寞的，虽然伤感，但是我并不为此颓废。”

请大家欣赏歌曲《寂寞的季节》。

**知识拓展**

**标语写作七忌**

标语是宣传类文书的一种，既有公文语体准确、简洁的特点，又有政论语体严谨性、鼓动性的特点；既能在理智上启发人们，又能在情感上打动人们，肩负着“社教”的使命；在影响社会舆论和文化传播中，对人们的社会行为起着不可忽视的导向作用，并在一定程度上反映了社会经济制度的本质和社会的文明程度。它的意义十分重大。那么，怎样才能写好标语，更好地发挥它的作用呢？

1. 忌违法

标语，体现的是国家的政策、法规，不能信口胡编。特别要注意，不能违反国家政策、法规。如某地曾张贴出一则标语“严打需要人民，人民需要严打”。这则标语本身存在歧义，有违法之嫌，产生了不良影响，当地领导迅速批评了标语的制作者。

2. 忌误导

标语具有导向作用。一方面，标语可以把人们的思想行为引导到党的工作重点上来；另一方面，标语引导人们关注精神文明，改掉恶习、陋习。如某地一则标语，写着“光纤没铜，偷也没用”，出发点无疑是好的，但会不会误导人去偷含铜的电线呢？因此，制作标语时，还应注意，不要使读者产生与本意不符甚至相反的感觉或联想。

3. 忌谩骂

标语具有宣传鼓动性，其目的就在于把党和政府的政策规定传达下去，把人民群众的劳动热情调动起来。其内容要科学合理，代表社会发展的方向和体现新的政策精神；语言要文明，不能用谩骂的语气。在某县一小学校门前的民房墙上，刷着这样的大字标语：“小孩毁树死父母，学生毁树罚家长。”爱护树木本应以宣传、教育为主。在校门前刷写这样的“骂街”标语，是一种极不文明的行为。

4. 忌恐吓

激情毕竟不能代替理性，以毒攻毒、威胁恐吓的方法，不仅远离了法治，也影响市容，更难唤起偷窃者的良知。有的标语写道“谁烧山谁倾家荡产”，带有明显威胁、恐吓的粗暴语气，实在有失文明。

标语着眼于公共利益的信息传递，是政府与公众的“特殊对话”。因此，标语要体现出这种利益的统一，给人以自尊自爱、利人利己的平等友爱式的劝说和忠告；有事采取商量态度，用委婉口气征求对方意见。执法者的语言，体现着对公众的尊重，也体现一种文明程度。这样才能反映出地位的平等和利益的一致性，从而使公众不仅乐于接受管理并从中受到教益。

5. 忌命令

人们对于盛气凌人的言词或教训人的口气非常反感，更注重的是以礼待人。社会的存在需要各种规矩、规范，必要的规定不可缺少。但这些规定正是体现着管理者与被管理者的共同利益，不是一部分执法者的特权。制作标语时，将命令式的语气换成善意的提醒语言，如改“损坏玻璃罚款10元”为“当心压坏玻璃受伤”；把指责的语言变成问候的语言，如改“不讲卫生可耻”为“养成卫生习惯，祝您身体健康”；将生硬的语气改为祈请的语气，如改“禁止随地吐痰”为“为了您和他人的健康，请不要随地吐痰”。

6. 忌粗糙

标语属于应用文的一种，语言要简明，也要讲究语言美。有的标语粗话连篇，有的标语缺少标点，有的乱加标点，这都是不可取的。

7. 忌歧视

标语体现的是一种平等的人际关系，不能借机歧视人。

总之，中国作为一个历史悠久的文明古国，几千年来形成了中华民族自己的心理特色：重协调，讲礼仪，偏重感情，表达含蓄。因而，标语的制作就必须遵循这种心理特点，以期达到宣传教化的目的。

## 学习案例

**中国职业教育助力柬埔寨人才培养**

**新华社金边3月18日电** “我要争取去中国留学！”来自柬埔寨柬华应用科技大学的本科新生孟梅梅激动地对记者说。

柬华应用科技大学首批本科生开学典礼日前在柬埔寨金边举行。孟梅梅同其他9名新生一同走上领奖台，接过优秀学生奖学金奖状，笑容灿烂。孟梅梅今年18岁，即将开始在柬华应用科技大学电子商务专业学习，她很喜欢学校的课程设置和校园环境，非常期待在这里学习中文和专业知识。

柬华应用科技大学由中国南京工业职业技术大学与柬埔寨柬华理事总会合作共建，是中国职业教育第一所海外应用技术大学，开展本科学历教育，学生可同时获得中国和柬埔寨两国学历和学位证书。学校于2023年12月在金边揭牌，首届共招收160名本科学历生和400名校企合作订单班非学历生。首批开设的

6个本科专业为新能源发电工程技术、汽车服务工程技术、网络工程技术、电子商务、现代物流管理和旅游管理。

同孟梅梅一样，索万纳也是柬华应用科技大学首届本科新生。他告诉记者，在了解到学校拥有完善的教学设施、来自柬中两国的专业讲师授课、学生能同时获得柬中两国学历学位证书后，他毫不犹豫地申请就读。

“我希望以后从事物流管理工作。”索万纳说，“相信在这里学到的专业知识和技能可以帮助我在毕业后更好地从事相关领域工作。”

柬华应用科技大学网络工程技术专业教师周惠向记者介绍，该校大部分讲师是从中国国内本科院校选拔公派而来，授课教师均为硕士及以上学历，教学经验丰富。学校配备有完善的教学设施，建有先进的实验实训室和计算机机房，能够满足专业学习所需。学校主要采用中文培训加专业技能教育相结合的方式，使学生同时掌握中文和职业技术，毕业后能够满足企业的用人需求。

周惠说，第一批本科新生刚刚入学，就有中资企业向学校抛来橄榄枝，“预定”专业人才。

据介绍，柬华应用科技大学通过校企合作模式，同企业在人才培养、专业建设、师资建设、科研服务等方面开展合作。学校结合企业需求和学生特点，以“技能+中文”为切入点，帮助学生提升多种能力和本领，服务柬埔寨经济社会发展。

本次开学典礼上还举行了校企合作奖助学金颁发仪式，63名优秀学生获得奖学金和校企合作定向培养助学金。

柬华理事总会监事长郑源来在开学典礼上表示，柬华理事总会与南京工业职业技术大学合作共建柬华应用科技大学，是要打造柬埔寨职业教育人才培养高地，为深化柬中两国友谊做出贡献。他希望学生们学好技能、练好中文，成为柬埔寨国家发展的栋梁和深化柬中友谊的使者。

（选自人民网）

### ◆ 想一想

这篇通讯的特点是什么？

### ◆ 案例分析

这是一篇不足千字的通讯，通过描写与叙述相结合的方式，表现了“中国职业教育助力柬埔寨人才培养”的主题。具体来说，这篇通讯具有以下特点。

客观真实。文章引用真实的人物语言，如“我要争取去中国留学！”“相信在这里学到的专业知识和技能可以帮助我在毕业后更好地从事相关领域工作”，通过这样的语言描写表现了柬埔寨学生对中国职业教育的喜爱和信任。引用客观数字，如“学校于2023年12月在金边揭牌，首届共招收160名本科学历生和400名校企合作订单班非学历生。首批开设的6个本科专业为新能源发电工程技术、汽车服务工程技术、网络工程技术、电子商务、现代物流管理和旅游管理”，介绍了学校的基本情况，真实可信。

选材精当。文章选取4个人物，通过对他们的语言、态度进行简洁、客观的叙述，介绍了柬华应用科技大学的专业设置、办学模式、办学目的等，要言不烦，突出主题。

描写与叙述相结合。文章将人物描写与对学校的客观介绍交叉进行，避免了单纯介绍学校情况的枯燥无味，且段落衔接自然，层次分明，表现了作者深厚的写作功底。

## 小结

学习情境6主要介绍了宣传类文书的特点和写作方法。

宣传文书，是社会组织通过新闻媒介传播信息的文体形式。宣传文书的核心就是新闻。

宣传文书主要分为消息、通讯、新闻评论和广播稿四大类。消息是对最新发生的、有社会意义的事实进行及时的报告，使用概括论述的方式传播最新事实的短篇新闻。通讯是以叙述与描写相结合为主要表达方式，综合运用多种表现手法，及时、具体、真实、生动地报告现实生活中新近发生的具有新闻价值的人物和事实的一种常用的新闻体裁。新闻评论也叫新闻评价，是新闻媒介所发表的言论的总称，是评价新闻现象的文体，是带有新闻性质的评论文章。广播稿是供广播电台、广播站播发的稿子。

宣传文书的写作，要注意真实性、公开性、导向性、可读（视、听）性、时宜性的特点。

## ◎ 单元小练

1. 填空题

（1）通讯是以叙述与描写相结合为主要表达方式，综合运用多种 ______________，及时、具体、真实、生动地报告现实生活中新近发生的具有新闻价值的人物和事实的一种常用的新闻体裁。

（2）宣传文书的写作要注意 __________、公开性、导向性、可读（视、听）性、____________。

2. 简答题

（1）通讯的写作要点有哪些？

（2）我国目前的新闻评论是怎样分类的？

# 学习情境 7

# 法律文书

## 情境导入

**民事起诉状**

原告李AB，男，1973年3月21日生，汉族，住××县城关镇文庙街12号，××县农村信用联社职工。

被告××县卫生学校。住所地：××县城西环路。

法定代表人崔×，校长。

被告×××市广播电视大学。住所地：×××市××区××街西段。

法定代表人马××，校长。

1. 诉讼请求

（1）判令二被告立即停止侵犯原告姓名权的行为，为原告重新颁发毕业证书。

（2）判令二被告立即为原告消除影响，更正“高等教育学历查询系统”中的错误信息。

（3）判令二被告向原告赔礼道歉，赔偿原告经济损失和精神抚慰金5000元。

（4）本案一切诉讼费用由二被告承担。

2. 事实与理由

2019年9月，二被告联合举办电大专科学历教育。原告按被告要求交纳了学费，并提供了中专毕业证书、居民身份证原件及复印件，由被告统一填写报名表并办理注册手续，原告成为电大视听注册生。

被告工作人员疏忽大意，将原告的姓名“李AB”错误地注册为“李B”。原告发现后，多次与被告交涉，要求被告立即对学籍档案进行更正。

起初，被告推托说待颁发毕业证书时予以更正；后来，在原告多次要求下，被告工作人员竟然要求原告到公安机关开具“李B”为曾用名的假证明，情节极其恶劣。2022年9月，原告顺利完成学业，达到毕业条件，被告向原告颁发了毕业证书，可毕业证书名字仍为“李B”，学籍档案也未予以纠正。

原告取得名字为“李B”的大专毕业证书后，向本单位申请学历认定，单位以名字不符为由，对原告的学历资格未予认定，从而影响了原告2023—2024年度的工资晋级。2023年3月，原告被单位保送至某学院金融学专业专升本，招生单位以专科毕业证书名字不符为由不予录取，影响了原告的继续深造。国家建立“高等教育学历查询系统”，对大专以上学历的毕业证书进行电子注册后供公众查询，被告的错误注册行为，造成原告毕业证书与身份证明不符，使公众对原告学历证书的合法性产生怀疑。

原告认为，被告因疏忽大意，对原告的名字予以错误注册后，经原告多次要求，拒不更正的行为，侵犯了原告的姓名权。姓名权被侵犯，影响原告的正常工资晋级和继续深造，被告侵犯了原告的财产权和受教育权，依法应承担停止侵权、消除影响、赔礼道歉、赔偿损失的民事责任。

综上所述，为保护原告的合法权益不受侵犯，特依据《中华人民共和国民事诉讼法》第一百零八条的规定，向贵院提起诉讼，请依法裁判，维护原告的合法权益。

此致

××县人民法院

起诉人李AB

2024年4月2日

## 案例导航

民事诉状应包含下面几个部分。

（1）首部。包括标题和当事人基本情况两部分。

①标题。写明起诉状的性质，如《经济纠纷起诉状》。

②当事人基本情况。

（2）请求事项。

（3）事实和理由。

（4）尾部。包括起诉状提交的人民法院的名称，如“此致 ×× 县人民法院”；起诉人姓名、日期等。

这是一份比较完整合格的起诉状。

**学习目标**

◎ 知识目标

了解法律文书的种类和概念。

掌握主要法律文书种类的写法。

了解法律文书的基本特点。

◎ 能力目标

能区分各类法律文书，掌握它们之间的区别。

能写作各类法律文书。

◎ 素质目标

培养学生分析事物的能力。

**思政目标**

通过对法律文书的学习，提高学生的使命感与责任感，增强学生的法律意识和社会实践能力。

# 学习单元 7.1　法律文书的性质和特点

## 7.1.1　法律文书的性质

法律文书是司法行政机关及当事人、律师等在解决诉讼和非诉讼案件时使用的文书，也包括司法机关的非规范性文件。

## 7.1.2　法律文书的特点

法律文书具有以下五方面的特点。

（1）制作的合法性。包括制作主体法定、制作于法有据、正确适用实体法、符合法定程序。

（2）形式的程式性。包括结构固定、用语固定。

（3）制作的时效性。有许多法律法规明确规定了法律文书的制作时限。制作法律文书时，必须严格遵守这种时限，否则，所制作的文书就不具备法律效力。

（4）法定的实效性。法律文书是具体实施、执行国家法律、法令的法律形式，具有法律效力或法律意义，是法律法规从静态的观念上的效力转入实施、执行的动态效力的表现。法律文书的实效性是以国家的强制力为保证的。

（5）语言的精确性。法律文书要做到描述事实准确、引用法律条文准确、结论明确等，这都要求其语言要精确。

※ **【小提示】**

**人民检察院的法律文书的分类、制作和基本要求**

1. 分类

（1）按照案件诉讼性质的不同，法律文书分为刑事案件使用的检察文书和民事、行政案件使用的检察文书两大部分。

（2）按照法律文书公开对外与内部使用的不同，刑事案件的法律文书又分为诉讼文书和工作文书两部分。

（3）按照法律文书的诉讼阶段和性质、作用的不同，可分为立案文书、侦查文书、审查批捕和其他强制措施文书、审查起诉和出庭文书、抗诉记忆、监所检察和法律监督文书、控告申诉检察和刑事赔偿文书、审批延长办案期限文书、辩护代理文书和其他文书。

（4）按照人民检察院的业务部门分工和案件来源的不同，可分为刑事检察文书，直接受理侦查（反贪污贿赂与法纪检察）案件文书，监所检察文书，控告申诉检察（包括刑事赔偿）文书和民事、行政检察文书。

（5）按照文书制作形式的不同，分为文字叙述式文书（如起诉书）、填空式文书（如批准逮捕决定书）、笔录式文书（如讨论案件笔录）和表格式文书（如送达回证）四类。信法网是电子商务法律服务平台，提供在线法律咨询、法律文书定制服务、免费合同文本。

2. 制作

人民检察院对制作各种法律文书，必须从严要求，一丝不苟，不允许发生丝毫差错，否则，将会给检察机关和国家的威信带来不良影响。

3. 基本要求

准确规范；严格依法；说理充分；办案及时。

## 学习单元 7.2　法律文书的种类及写法

### 7.2.1　起诉状

1. 起诉状的概念

起诉状亦称“诉状”，是公民或法人因自身合法权益遭受侵害而向人民法院提起诉讼请求的文书。

2. 起诉状的分类

根据诉讼性质和目的的不同，起诉状可以分为民事起诉状、行政起诉状和刑事自诉状三类。

（1）民事起诉状。民事起诉状是指公民、法人或其他组织，在认为自己的合法权益受到侵害或者与他人发生争议时或者需要确权时，向人民法院提交的请求人民法院依法裁判的法律文书。

（2）行政起诉状。行政起诉状是行政机关或行政机关工作人员的具体行为所涉及的公民、法人或者其他组织向人民法院递交的，请求人民法院对该行政行为是否合法予以裁决，用以保护当事人合法权益的行政诉讼文书。

（3）刑事自诉状。刑事自诉状是刑事自诉案件的被害人或者他的法定代理人为追究被告人的刑事责任，直接向人民法院提起诉讼时所使用的法律文书。我国法律规定，自诉案件由人民法院直接受理。

3. 起诉状的特点

（1）诉讼事实的真实性。原告人在书写起诉状时，必须严格忠于事实的真相，严格分析所争执的事实，要把握关键，层次清楚，责任明确。

（2）列举证据的确凿性。起诉状中所举证据，必须真实可靠。证据要经过检查，核实对照，做到真实无误。

（3）阐明理由的合理、合法性。阐述理由要有理有据，观点明确，论据充分，援引法律条文和国家有关政策，必须准确、适当。

（4）内容表达的条理性。首先，整个结构的安排有条理；其次，列述事实要有逻辑顺序，要按照其事理的逻辑顺序表述。

### 4. 起诉状的作用

（1）起诉状是法人或公民为实现诉讼权利，请求人民法院追究被告人的法律责任，保护国家、集体和公民的合法权益的工具和手段，它是实施法律内容的必要形式。

（2）起诉状是人民法院对案件进行审理或调解的依据和基础。写好起诉状对于法院了解情况和处理案件，对于解决纠纷，都具有十分重要的作用。

### 5. 起诉状的结构和写法

起诉状一般由首部、请求事项、事实和理由、尾部等几部分组成。

（1）首部。包括标题和当事人基本情况两部分。

①标题。写明起诉状的性质，如《经济纠纷起诉状》。

②当事人基本情况。原告是公民的，要写明姓名、性别、年龄、民族、籍贯、职业、工作单位和住址等项。原告是法人的，要写明企事业单位、机关、团体的全称和所在地、法定代表人的姓名和职务。原告不论是公民还是法人，如果有委托代理人，还要写明委托代理人的姓名、所在单位、职务以及与原告的关系。被告栏的事项、写法与原告栏的事项、写法一样。

（2）请求事项。要写明请求法院解决什么问题，提出明确的具体要求，可以分项表述。

（3）事实和理由。这是起诉状的核心，是请求人民法院裁决当事人之间权益纠纷和争议的重要依据。

叙写事实和证据，主要应写清这几点：当事人之间纠纷的由来、发生和发展的情况；当事人之间争执的主要焦点和双方权益争执的具体内容，与案件有直接关系的客观情况和实质性的分歧意见；举出充分的人证、物证、书证及其他足以证明原告起诉有理的证据。在写清事实和证据后，陈述提起诉讼的理由。即根据事实和证据，写明认定被告侵权或违法行为的性质和所造成的后果、应承担的法律责任。要恰当地援引有关法律条款，以说明提起诉讼请求的合理性。

（4）尾部。包括起诉状提交的人民法院的名称，如“此致 ×× 人民法院”；起诉人姓名、印章、具体时间；附项，写清起诉状副本份数、物证和书证的名称和份数。

### 6. 起诉状的写作要求

（1）提出请求事项，一定要具体、明确，并要有法律依据。如果是几项请求，宜分条罗列。

（2）写事实部分，要如实反映事件本来面貌，要突出主要情节。

（3）理由部分要充分有力，合情合理，具有说服力。

### 7. 民事起诉状范文

**民事起诉状**

原告：×× 综合贸易公司；地址：×× 市 ×× 路 ×× 号；邮编：××××××；电话：×××××××。法定代表人：王 ××，男，36 岁，经理。诉讼代理人：吴 ×，男，50 岁，业务股长，住该厂宿舍 × 楼 × 号。

被告：×× 市 ×× 联合公司；地址：×× 市 ×× 街 × 号；法定代表人：张 ××，男，经理。

请求事项：请求人民法院追回被告所欠原告货款 34.6 万元及其银行利息，以及有关损失。

事实和理由如下。

20×× 年 × 月 × 日，5 月 6 日，原告采购员朱 × 先后两次与被告副经理杨 × 签订购销合同。第一份合同，原告购买钢材 50 吨，每吨单价 2200 元，合计人民币 11 万元。第二份合同，原告购买镀锌 8 号线 200 吨，每吨单价 1650 元，合计人民币 33 万元。原告严守信誉，分别在两份合同签订后一周内，将两份货款总计 44 万元，汇到被告的账号上。

但是，被告却不守信用，在第一批款到后的第 25 天，才发出钢材 20 吨，其余钢材和镀锌 8 号线，至今无货。原告虽多次要求被告退款，可被告采取拖延、欺骗等手段，一直不给退款。

两份合同均规定，款到后 10 日内不发货，罚以供方货款的 10%。至今已经过了 85 天，被告既无货，又不退款。这期间，原告曾先后 4 次派人到 ×× 市追索退款，均无结果。

鉴于被告严重违反合同规定、损害原告利益的情况，请求人民法院根据《中华人民共和国经济合同法》有关规定，判准原告所提请求事项。

此致

×× 市人民法院

原告：×× 综合贸易公司（公章）

法定代表人：王 ××（签章）

20×× 年 × 月 × 日

附：1. 本状副本 6 份；2. 书证 8 份；3. 物证 × 份。

## 7.2.2 辩护词

### 1. 辩护词的概念

辩护人为了维护刑事被告人的合法权益，根据事实和法律，提出证明被告人无罪、罪轻，或者减轻、免除刑事责任的证据和意见，称为辩护词。

### 2. 辩护词的特征

（1）为被告人提供法律帮助，进行辩护。

（2）维护刑事被告人合法权益。

（3）辩护对象是公诉人，或者自诉人及其代理人，而不是法庭组成人员。

### 3. 辩护词的内容和写法

（1）首部。首部要写明标题、称呼，说明自己的合法身份、任务及出庭前所进行的活动，并表明自己对本案的看法。

①标题。如《辩护词》或《关于 ×××（被告人姓名）××（案由）一案的辩护词》。

②称呼。写“审判长、人民陪审员”“审判长、审判员、人民陪审员”或者是“审判长、审判员”。这要根据法庭组成人员情况确定。

③说明自己的合法身份、任务及出庭前所进行的活动。这一段写“根据《中华人民共和国刑事诉讼法》第三十三条第一项的规定，我接受 ×××（主要被告人姓名）××（案由）一案被告人 ××× 的委托，担任他的辩护人，出庭为他进行辩护”或者写“根据《中华人民共和国刑事诉讼法》第三十五条第一款的规定，我经 ××× 人民法院指定，并征得本案被告人 ××× 的同意，担任他的辩护人，出庭为他进行辩护”。这就表明了自己担任辩护人的合法身份，是受被告人委托的，更是经人民法院指定的；说明了自己的任务是为某某被告人进行辩护。在说明这两点以后，接着就要说明自己在出庭前所进行的活动：“在开庭前，我 × 次会见了被告人，查阅了案卷材料，走访了有关证人，并且勘查了现场等。”这一段，根据实际情况叙述，进行过哪些调查活动，就写明哪些活动。

④表明对本案总的看法。在说明合法身份、任务和出庭前的活动以后，接着对人民检察院的起诉书或自诉人的刑事诉状内容，做出概括性的评论，说明辩护人与公诉人或自诉人之间在对案情看法上存在的根本分歧，据以引出下文。

（2）正文。正文即理由部分，主要是提出问题，进行反驳与辩解。

①从认定事实方面提出问题。

其一，可提出反证，否定被指控的全部或部分犯罪事实。凡起诉书或自诉状中所列写的事实不能成立，或不能完全成立时，应首先从否定事实入手，因为这是问题的根本所在。如果否定了全部事实，其结果必然会导致人民法院宣告被告人无罪；如果否定了部分事实，其结果亦会导致人民法院对被告人从轻、减轻或免除处罚。

其二，可指出事实不能认定。凡起诉书或自诉状中所列举的证据不够确实、充分的，要在提出充分理由加以论证的基础上，指出证据不足，事实不能认定。这同样会导致人民法院宣告被告人无罪。因为，法律规定，刑事被告人不负有举证责任，他们没有责任提出证据来证明自己无罪，而是控告一方负有举证责任。尽管被告人犯罪的嫌疑十分重大，但是，只要控告一方和国家司法机关没有确实、充分的证据证明被告人犯罪，就不能认定被告人犯罪而处以刑罚。必须了解：对被告人犯罪事实的否定和指出被告人犯罪事实不能认定，尽管同样会导致宣告被告人无罪的结果，但是，两者的含义和性质是不一样的。前者说明被告人的问题已被彻底弄清楚了，证明被告人并无犯罪行为；而后者只是说事实还不清楚，一时无法搜集到更多的证据。根据现有证据材料，还不能证明被告人有犯罪行为，意味着今后只要控诉一方或者司法机关取得了新的证据，能证明被告人确有犯罪行为时，仍然可以追诉。

②从确定案情性质方面提出问题。在起诉书和自诉状中，如果对被告人罪行性质指控有错误的。例如，把故意伤害致死指控为故意杀人、把盗窃指控为贪污、把猥亵行为指控为强奸罪，甚至把通奸指控为强奸等，则应引证有关法律条款对照被告人的行为进行分析论证，指出控诉一方确认案情性质不当。这样，既可帮助法院避免定罪量刑上的偏差，亦维护了被告人的合法权益。

③从案件情节方面提出问题。对于被告人的犯罪行为，如果具有从轻、减轻或者免除处罚情节的。例如，被告人是从犯或胁从犯、犯罪中止或未遂、自首或立功，或者后果轻微，或者是被告人不具备刑事责任能力等，如果控诉一方回避了这些问题，必须引证有关法律条款，予以提出。如果控诉方在起诉书或自诉状中已经提到，但是企图否定这些从轻、减轻或免除处罚的情节时，则要深入进行分析论证，据理予以驳诉。

④从因果关系方面提出问题。对于被告人犯罪确属客观原因起了决定性作用的，如被害人本身负有一定责任的；或者是属于“多因一果”，危害性后果不是被告人的行为直接造成的，甚至是属于意外事件的等，都要提出，据理争辩。

⑤从被告人的一贯表现和认罪态度方面提出问题。被告人在历史上如果一贯表现较好，说明其本质不坏，失足不久。如果罪行较轻，且坦白交代态度又好，还表示坚决悔改的，说明他有认罪悔改的诚意，不关押也不至于再危害社会的，可提请法庭考虑给予免除刑罚处罚。

⑥从政治形势方面提出问题。当时，当地社会治安形势日趋好转，和被告人犯同样罪行的案件很少，这类罪犯不是重点打击对象，而被告人作案的影响不大时，则可据此提请法庭考虑从宽处理。

⑦无可辩护的怎么办？有些案件，犯罪事实清楚，证据确凿，定性准确，甚至于有的案件被告人罪行严重，情节恶劣，基本上没有什么可辩护之处；有的在辩护人刚刚入席时，旁听群众就表示反感，而辩护人依法却又必须履行职责，这是应该慎重和正确对待的问题。对于这类案件，首先要实事求是地承认起诉书认定事实正确，定性适当，引用法律条文准确。如果被告人罪行严重，情节恶劣，旁听群众深感义愤，辩护人也要适当地表示一下自己的正义感。譬如，说一些“被告人 ××× 罪行严重，情节恶劣，使得旁听席上的群众深感义愤，这是完全可以理解的”之类的话，以稳定听众的情绪，消除其对辩护人的对立情绪；但是，要掌握分寸，这类话不能说得过多，更不能说过头，以免使自己变成控诉一方。接着，可以从辩护制度的意义方面开展法制宣传，说明我国法律规定被告人可以委托辩护人为他辩护，不仅仅保护被告人的合法权益。同时，也可以给法庭提供“兼听则明”的条件，从另一个角度协助法庭查清事实。辩护人也是站在忠于事实和法律的立场上为被告人辩护的，他并不受被告人的意志所左右，绝不会强词夺理，无理辩三分。这些法制宣传性的发言，使听众懂得辩护的意义和作用，消除那种认为辩护人专为罪犯讲话的错误认识。在这个基础上，再提出有利于被告人方面的理由，听众就比较容易接受了。当然，如果实在没有什么有利于被告的材料，也不应硬性拼凑。

（3）尾部。对辩护发言做出总结，引出结论。结论一般要对法庭提出明确、具体的要求，即要求法庭宣告被告人无罪或免除刑罚处罚还是对被告人从轻、减轻处罚。书面辩护词的最后，由辩护人署名，并写明年、月、日。

### 4. 辩护词范例

**辩护词**

审判长、审判员：

我接受盗窃案被告人李 × 的委托，担任他的辩护人，出庭为他辩护。在开庭前，我会见了被告人李 ×，查阅本案公安机关的侦查预审卷宗材料，和李 × 的父亲进行了接触，并且到李 × 的原工作单位做了调查访问，比较清楚地掌握了本案的事实材料。

根据公诉人的起诉和法庭调查，总的来说，我认为，本案事实清楚，无可置疑。但是，对被告人李 × 的几个方面的问题和情节，值得提出，以供法庭考虑。

第一，李×和钱××从2022年8月至11月中旬，三个月内，共同盗窃三次，共盗得现金10000元左右（按单位报案数统计为10360.70元，但单位说是大概数，如省公路××厂报案说被盗5960.70元，就说是大概数，见公安预审卷第104页。按被告人的供认为9150元外加一些零钱，两者相差不远）。盗窃时间不算很长，次数也不算多，窃得财物数额尚非巨大。

第二，从两被告人退赃情况看，现已退出赃款4110元。退出的赃款已近半数。

第三，李×有认罪悔改的诚意，在刚被拘留时，他便立即交代了自己的全部盗窃事实；在公安机关侦查和多次预审中，每次都毫无保留地做出了交代，认罪态度是好的。从他给家庭所写的信件，以及在预审中所表现的态度来看，他已感觉到一失足成千古恨，认识到犯了盗窃罪的可耻，感到对不起父亲，对不起单位领导的培养教育，决心痛改前非。

第四，看一个人的本质如何，不能孤立地看他的一时一事，必须看他的全部历史和全部工作。被告人李×于2015年底参加工作，2016年度在单位曾被评为一级技术能手，单位曾发给他荣誉证书，给他的评语是："认真学习，钻研技术，在×××重大项目中圆满完成任务，各项业绩均为优秀。"说明他过去表现是好的，还是一个有上进心的青年。由此看来，对他的处罚有必要立足于教育、帮助和挽救。

第五，从两被告人的表现和作案情况来看，把李×列为第一被告人是不合适的。其一，共同盗窃，不能认定李×为主。当然，盗窃所得赃物都存放在李×处。这是因为钱××和家人住在一起，而李×单独住一间房子，便于隐藏赃物。李×比钱××多花赃款千余元。但这次退赃，李×除多退出800余元外，还有400元是为钱××单独盗窃而退给××农药厂商店的。这样，两被告人的花费便大体相等了。其二，从犯罪行为过程而言，盗窃某处，有些是李×提出来的，而撬窗入室却是钱××先动手的，难以区分主次。其三，从作案次数看，钱××除和李×共同盗窃三次外，还单独盗窃过两次。尤其是在共同作案之前，钱××就有过盗窃行为，其罪行较李×为重。其四，从情节看，××路派出所在2021年11月16日扣审钱××时，17日李×就知道了这一情况，但李×并未出走，而是在18日早晨，由钱××找李×一道离家出走的。其五，从两被告人的历来表现看，钱××曾因打架被拘留，又曾因辱骂派出所人员被罚款。综上五点，总的来看，钱××在本案中所处的地位、所起的作用及其情节，都甚于李×。

第六，被告人李×原单位党委意见，对李×要求着重给予教育，给予出路，尽量给予从宽处理。这是值得认真考虑的。

第七，李×本是在职的青年工人，如果在法律上处理重了，他的公职将不能保留。如果将工作弄丢了，他今后在社会上游手好闲，将成为社会的寄生虫，仍将是社会上的不安全因素，不利于社会治安的综合治理。

综上所述，被告人李×在盗窃的犯罪道路上走得还不远，盗窃次数不多，所得赃款数额不算巨大，具有认罪悔改表现。根据《中华人民共和国刑法》第七十二条第一款的规定，请法庭考虑从宽予以判处缓刑，并予以宣告缓刑。

辩护人：××省经济律师事务所律师×××

2023年1月×日

## 7.2.3　公证书

### 1. 公证书的概念及作用

公证书就是国家公证机关对当事人申请公证的法律行为、有法律意义的文书和事实，依照公证法规的规定，经审查无疑义后，依法确认其真实性、合法性的证明文书。

公证书是国家公证机关办理公证的最后结论，当事人申请公证的最终目的，就在于取得公证机关的公证书。公证书与人民法院的民事判决以及仲裁机构的裁决书不同。人民法院和仲裁机构都是对已经发生的民事权益纠纷进行裁决，而公证书则是公证机关根据当事人的申请，依法证明申请公证事项的真实性和合法性，目的在于预防纠纷，减少诉讼。

### 2. 公证书的格式、内容及写作方法

公证书由首部、正文（证词）、尾部三部分组成。

（1）首部。首部包括标题和编号。

①标题。在文书的上部正中写“公证书”。

②编号。在“公证书”的右下方用阿拉伯数字写年度的全称，接着写公证机关简称和编号，如“（202×）×公证字第×号”。

在首部，一般不写当事人的身份和基本情况；但是，继承、收养亲属关系的公证书的首部应写明当事人的姓名、性别、出生年月日、住址等身份事项。

（2）正文。正文也叫证词，是公证书的核心部分和主要内容。

证词应根据证明事项来写。当事人申请公证的事项不同，因而其证词的写法也不尽相同。但不论公证何种事项，都应写得清楚、准确、真实、合法。

证明事项的具体内容，有些全部体现在公证书的证词里，如出生、生存、死亡、收养、婚姻关系、亲属关系公证等。至于法律行为公证，公证书的公证词文字只是寥寥数语。如，“兹证明 ××× 于 × 年 × 月 × 日来到我处，在我的面前，在前面的赠予书上签名（或盖章）”。因此，这类公证可以印成填空式的文书用纸。但收养子女、财产继承等类公证书，则应根据具体情况，逐件制作。

成批的公证事项（内容同一），如供电局与农村乡镇全面签订《供用电合同》，可以把填空式的公证词拟好，附到合同（协议后）的后面。这样，办证时，就大大简化了手续。

（3）尾部。尾部一般指落款，包括以下几项内容。

①制作文书的机关名称。如写“中华人民共和国 ×× 省 ×× 市（县）公证处”，是哪个公证机关出具的公证书便落款哪个公证机关，但必须冠以“中华人民共和国”字样，因为它是代表国家公证。

②文书签署人的职务和签名。先写“公证员”，然后由公证员签名或盖章。

③文书签发的年、月、日，并加盖公章。

### 3. 公证书写作注意事项

（1）公证书一般应一事一证。其好处是，既方便申请人使用，又方便公证员制作，同时，也避免了因公证事项过多而引起歧义。如果申请人申请公证的事项出于同一使用目的，也可以几事一证。

（2）当事人的姓名要写准确，对曾用名、又名、别名等，根据需要，可用括号注明。对于当事人的亲属关系的称谓，在公证书上应采用全国统一的称谓，即父、母、夫、妻、儿、女等。

（3）机关、团体、企事业单位的名称，在公证书上第一次出现时，应写全称，其后则可写简称。

（4）在公证书中，当事人的出生地一般只写省（自治区、直辖市）、县（市）的名称。如名称有变化，则应写出生时的名称。当事人的年龄，一律以出生年月日代替，出生日期一般采用公历，必要时，可用括号注明农历日期。

（5）公证书均须编号。应注意的是：一宗公证事务须办几种公证书的，应按顺序每件编一个号；如果几件内容办成一份公证书的，应按件计，编一个号。

（6）公证书分原本、正本、副本三种。签发稿是原本。填空式的无签发稿即无原本，只有正本和副本两种。不论有无原本，均须制作一份正本存卷，以作备查。发给当事人的是正本，发给有关单位或个人存执的是副本。原本、正本、副本的内容必须完全一致。正本与副本在形式上也应一致。副本的份数，应根据当事人的需要制作。公证书的封面右上方，要加盖“原本”“正本”“副本”的戳记；无封面的盖在首页。“原本”，也可不盖戳记。

（7）经历、学历、结婚等公证书，应一律贴照片。照片一律用近期一寸半身免冠照片，照片贴在公证员签名的左上方。贴照片后，须加盖钢印。

（8）公证文书按顺序装订好后，应将除封面、封底以外的所有各项页合在一起，然后在左下角加盖钢印。

#### 4. 公证书范文

**遗嘱继承公证书**

（2024）× 公证字第 ×× 号

继承人 ×××，女，× 年 × 月 × 日出生，现住 ×× 省 ×× 市 ×× 县 ×× 乡 ×× 村。被继承人 ××，男，生前住 ×× 省 ×× 市 ×× 街 ×× 号。

查 ×× 于 × 年 × 月 × 日在 ×××（地名）死亡，死亡后在 ×××（地名）留有遗产。死者生前立有遗嘱。根据死者遗嘱，死者 ×× 的遗产应由 ××× 继承。

中华人民共和国 ×× 省 ×× 市公证处

公证员（签名）：×××

× 年 × 月 × 日

## 7.2.4 授权委托书

#### 1. 授权委托书的概念和分类

授权委托书是指当事人为把代理权授予委托代理人而制作的一种法律文书。它是委托人实施授权行为的标志，是产生代理权的直接根据。

授权委托书分为两种。一种是民事代理授权委托书，另一种是诉讼代理授权委托书。

#### 2. 授权委托书的内容

（1）委托人和受托人的姓名、性别、出生日期、职业、现住址。如果委托人是法人，则应写明法人的全称、地址、法定代表人姓名等情况。

（2）委托的事项一定要写得明确、具体。应注意的是，在民事代理中，代理人受托的事项必须是具有法律意义的、能产生一定法律后果的民事行为。《中华人民共和国民法典》第一百六十一条第二款明确规定：“依照法律规定、当事人约定或者民事法律行为的性质，应当由本人亲自实施的民事法律行为，不得代理。”如具有人身性质的遗嘱、收养子女、婚姻登记等法律行为。

（3）委托的权限范围，是代理人实施代理行为有效的依据，律师代书时一定要写明确。在民事代理中，委托人授予代理人代理权的范围有三种情况。①一次委托，即代理人只能就受托的某一项事务办理民事法律行为；②特别委托，即代理人受托在一定时期内连续反复办理同一类性质的民事法律行为；③总委托，即代理人受托在一定时期内办理有关某类事务或某一种标的物多种民事法律行为。

### 3. 签订授权委托书时应注意的事项

（1）授权委托方法有三种：明示授权、默示授权和追认。

（2）委托的期限，一定要写明起止的时间；不写起止的时间，就容易引起争议。

（3）特别授权委托书如果是公民之间的，应办理公证，以确保委托行为的真实性、合法性。

### 4. 授权委托书范文

**代办委托书**

委托人________因个人原因，不能亲自到________办理________，现特委托________代为办理________，被委托人自愿接受该委托。

委托人：________

被委托人：________

委托时间：______年____月____日

**户口迁移代办委托书**

委托人__________，×年×月×日出生，身份证号________________，现住________________。受托人__________，×年×月×日出生，身份证号_______________，现住_______________。委托人×××与受托人××系××关系，因__________，不便亲自前往________办理本人的户口迁移手续，故全权委托××代为办理×××的户口迁移至××的手续（前往相关部门办理委托人的户口迁移手续并领取相关证明文书），受托人在此范围内所签订的一切文件委托人均予以承认，由此产生的一切法律后果委托人均予以承担。

委托期限：自签署之日起至×××。受托人无转委托权。

委托人：______________

被委托人：______________

________年______月______日

## 7.2.5 遗嘱

### 1. 遗嘱的概念和种类

遗嘱是指人生前在法律允许的范围内，按照法律规定的方式，对其遗产或其他事务所做的个人处理，并在立遗嘱人死亡后发生效力的法律行为。法律上规定的遗嘱，主要分为五种，分别是自书遗嘱、代书遗嘱、录音遗嘱、口头遗嘱和公证遗嘱。

### 2. 遗嘱的写法

（1）立遗嘱的目的，即处理财产的意思表示，应首先写明："我立本遗嘱，对我所有的财产，作如下处理。"

（2）对财产的具体处理，应写明财产的名称、数量及其所在地、遗留给何人。具体写明由哪一个人继承哪些财产。

（3）立遗嘱人的要求和遗嘱书的处置。

（4）立遗嘱人、证明人、代笔人签名盖章，并写明立遗嘱的时间、地点等。由于立遗嘱人的具体情况不同，遗嘱的写法不需要拘于以上格式，但必须是有效的才有法律效力。

### 3. 遗嘱范文

**遗　嘱**

立遗嘱人：赵××，男，72 岁，××省××县人，住××市大新街××号。

我已 72 岁，患糖尿病多年，近来更觉体弱身虚，深恐有一天突然与世辞别，家属发生遗产继承纠纷，故邀内弟张××、外甥李××为证，并委托××市××律师事务所律师惠××代书。

我在原籍××省××县××乡××村，有三间瓦房及家具等，在××市有存折一张，内存人民币壹拾万元。我身无债务，与他人也无财物纠纷。现立遗嘱如下。

1. 我的后妻杨××，现年 70 岁，无亲生子女，切望我子和女负责赡养。杨××同我结婚十余年，平日对我照顾、关切备至，在我病中，更是体贴入微，使我得到慰藉。我在本市的两室一厅住房（××平方米）及家中财产，以及从银行存款中拨出的伍万元，由她一并继承。杨××百年之后，其遗产在生前如未依法自行处理者，我子我女可按份平均予以继承。

2. 我大儿赵××在原籍务农，我在原籍所有的财产全部由他继承。

3. 我小女赵××是下岗职工，生活有困难，我愿将存款拨出伍万元，由她继承。

4. 以上遗嘱共六份（经校对内容相同，文字无异）。

立遗嘱人：赵 ××（签名盖章）

见证人：张 ××（签名盖章）

代书人：×× 市 ×× 律师事务所律师惠 ××

× 年 × 月 × 日

**知识链接**

### 遗嘱的几种类型

1. 公证遗嘱

公证遗嘱，即遗嘱人经公证机关办理的遗嘱。公证遗嘱是最严格的遗嘱，能确实保障立遗嘱人的意思表示的真实性。公证遗嘱也是处理遗产继承纠纷最可靠的证据。

2. 自书遗嘱

遗嘱人自己书写的遗嘱，称为自书遗嘱。自书遗嘱是遗嘱人亲笔将自己的意思用文字表达出来。

3. 代书遗嘱

代书遗嘱是由他人代笔书写的遗嘱。代书遗嘱通常是在遗嘱人不会写字或因病不能写字的情况下，不得已而为之的。但为了保证代笔人书写的遗嘱确实是遗嘱人的真实意思，减少纠纷，应由两位以上的见证人在场见证；由其中一人代书，注明年、月、日，并由代书人、其他在场见证人和遗嘱人在代书遗嘱上签名。

4. 录音遗嘱

录音遗嘱是用录音机录制下来的遗嘱人口授的遗嘱。因录音遗嘱容易被伪造和剪辑，因此，法律规定以录音形式立的遗嘱，应有两个以上见证人在场见证，以证明遗嘱的真实性。

5. 口头遗嘱

口头遗嘱是由遗嘱人口头表达并不以任何方式记载的遗嘱。口头遗嘱完全靠见证人表述证明，极其容易发生纠纷。因此，法律规定，遗嘱人只能在危急的情况下，才可以立口头遗嘱，并且必须有两个以上见证人在场见证。危急情况解除后，遗嘱人能用书面或录音形式立遗嘱的，应用书面形式或录音形式立遗嘱，所立口头遗嘱失效。

## 学习案例

《×× 合同》公证书

（2024）× 公证字第 ×× 号

兹证明 ××××（单位全称）的法定代表人（或法定代表人的代理人）×× 与 ×××（单位全称）的法定代表人（或法定代表人的代理人）××× 于 × 年 × 月 × 日，在 ××××（签约地点或本公证处），在我的面前，签订了前面的《×× 合同》。

经查，上述双方当事人的签约行为符合《中华人民共和国民法典》的规定；合同上双方当事人的签字、印章属实；合同内容符合《中华人民共和国民法典》的规定。

中华人民共和国 ×× 省 ×× 市（县）公证处

公证员（签名）：×××

× 年 × 月 × 日

◆ 想一想

公证书包含哪些内容？

◆ 案例分析

公证书由首部、正文、尾部三部分组成。

（1）首部。写明标题、编号，即“××× 公证书”“（××××）× 公证字第 × 号”。继承、收养、亲属关系公证书，还应写明当事人的姓名、性别、出生年月日、住址等身份信息。

（2）正文。又称证词，应根据当事人申请证明的事项，写明公证机关确认的法律行为或法律事实。

（3）尾部。写明制作文书机关的全称，并由公证员签名盖章，注明文书签发的年月日，并加盖公章。

## 小结

学习情境 7 主要是关于法律文书的种类及其写作方法的介绍。

法律文书是司法行政机关及当事人、律师等在解决诉讼和非诉讼案件时使用的文书，也包括司法机关的非规范性文件。

法律文书具有这几个特点：制作的合法性；形式的程式性；制作的时效性；法定的实效性；语言的精确性。

## ◎ 单元小练

1. 填空题

（1）法律文书是 ________________ 及当事人、律师等在解决诉讼和非诉讼案件时使用的文书，也包括司法机关的 ____________ 。

（2）公证书就是国家公证机关对当事人申请公证的法律行为、有法律意义的文书和事实，依照公证法规的规定，经审查无疑义后，依法确认其 __________ 、__________ 的证明文书。

2. 简答题

（1）起诉状具有哪些特点？

（2）授权委托书的内容一般包含哪些方面？

# 学习情境 8

# 契约文书

## 情境导入

**温江区涌泉学校与崇州市西江学校缔结友好学校**

**协议书**

为了进一步落实成都市教育局《关于深化城乡教育互动发展促进教育圈层融合的意见》的文件精神，按照温江区教育局和崇州市教育局的要求，温江区涌泉学校和崇州市西江学校缔结友好学校。为了在今后的三年内，两所学校之间能更好地交流，共同发展，经双方协商达成如下协议。

一、双方利用各自的优质教育资源，在提高教育管理水平和教育教学质量等方面建立合作关系，开展合作与交流。共同探讨学校良好运行的有效机制，形成具备有效决策、执行、评估、反馈、调节功能的运行系统。共同探讨校园文化、师德建设、教师团队精神打造等方面的经验，全面加强党员、干部、教师的作风建设，进一步提高干部教师的思想水平和工作能力，共促两校快速发展。

二、根据各自学校实际情况，互派领导挂职锻炼。一方派出的副校长、教导主任、德育主任到另一方挂职担任副校长、教导主任、德育主任。挂职锻炼的干部要认真学习对方学校管理的先进经验，参与校务管理，并向对方校领导班子传授本校先进的管理经验。挂职学校还要定期安排挂职干部到附近兄弟学校学习交流。挂职时间及人数在每学期开学前双方协商确定。

三、根据各自学校实际情况，互派教师进行教学交流。教学交流的教师要向对方学习先进的教育教学理念、方法和经验，兼任一定课时的专业课，向对方教师传授本校教育教学的经验和方法，进行教育教学改革的尝试，并完成对方学校安排的其他工作任务。教学交流时间及人数在每学期开学前双方协商确定。

四、双方开展教育教学科研合作项目，包括各学科的课题合作，建立学科教研联组，合作开展校本教研、校本培训等活动。充分发挥双方校本研修骨干的示范与辐射作用，适时相互参加对方组织的重要教育教学会议及研究课、优质课赛课活动，以课例研究为载体、以课题研究为突破口，提高教师的教育教学能力，提升教师专业水平。双方的教导处在开学初要相互交流本校的教研计划。

五、开展学生手拉手结对活动。两校通过学生运动会、社会实践活动、艺术节、乡村少年宫等活动互派学生参与，让学生通过活动互相交流学习，推进学生同成长、同进步。

六、双方在暑假期间互派校领导和教师开展教育考察、访问交流等活动，举办优秀教师、专家义务讲学活动，帮助对方提高教师队伍的教育教学能力和学识学术水平。同时，也可互派学生开展相互交流等活动。

七、双方开展挂职、交流、培训等活动的经费，由教师原所在的学校解决。

八、未尽事宜，另行商定。

温江区涌泉学校（盖章）　　　　崇州市西江学校（盖章）

校长（签字）：＿＿＿＿＿＿　　　　校长（签字）：＿＿＿＿＿＿

×年×月×日　　　　×年×月×日

## 案例导航

协议主要由四个方面组成。

（1）标题。一般按协议事项的性质写出名称。

（2）称谓。要写明签订协议的双方（或多方）单位名称和代表人姓名。为了行文方便，习惯上规定一方为甲方，另一方为乙方；如有第三方，可简称为丙方。在协议中，不能用我方、你方、他方作为代称。

（3）正文。主要由两部分组成。一是开头。开头主要写明双方签订协议的依据、目的和双方“信守”的表态。二是协议的主要条款，一般分条列项具体说明。

（4）结尾。本文结尾包括两个方面。一是署名，二是签订协议的日期。

**学习目标**

◎ 知识目标

了解契约文书的性质、特点和种类。

明确契约文书的写法。

◎ 能力目标

能表述合同、协议书等契约文书的作用。

能独自搜集相应的写作材料。

◎ 素质目标

提高事务表达能力和事务写作能力。

**思政目标**

通过对契约文书的学习，养成严谨的行事态度和逻辑思维，培养契约精神。

# 学习单元 8.1 契约文书的性质和特点

## 8.1.1 契约文书的性质

契约文书是机关、团体及个人在政治活动和经济生活中经常使用的应用文。它以文字的形式，把双方或多方在交往中商定的有关事项记载下来，作为共同履行的凭证，具有较强的约束力。

契约文书广泛地应用在社会各个领域里，约束和规范着人们的行为，使国家的利益、集体和公民的合法权益不受侵犯。

## 8.1.2 契约文书的特点

契约文书的特点有：政策性、强制性、互利性。

写作契约文书要做到：掌握政策法规，熟悉有关业务，了解对方情况，掌握书写格式。

※ 【小提示】

协议与合同的区别

1. 角度范围不同

协议书往往较多地涉及宏观角度、总的原则，协商的是政治、经济、军事、法律等有关问题，大至国家关系，小至个人往来、合作办事、解决纠纷，适用范围大；合同则较多从微观角度，就某一具体事项签约。

2. 内容要求不同

协议书的内容不及合同具体细微。如两家企业签订联营或者联合的合作关系要用协议书，可在协议书下方另外签订有关内容的单项活动。

3. 有效期限不同

合同的有效期限一般较短，“标的”一旦实现，合同就失效了；协议书的有效期限一般较长，有的则是永久的，比如换房之类的协议书，不到房主再次易人，其作用便长期存在。

# 学习单元8.2　契约文书的种类及其写法

## 8.2.1　意向书

### 1. 意向书的概念

意向书指的是双方或者多方就某一项目或问题在经过初步接触、商谈后，就该项目或问题达成的带有合作意愿、合作目的的一种文书。

### 2. 意向书的特点

（1）协商性。意向书是协商形成的，不是强制制定的。

（2）灵活性。意向书不像协议、合同那样，一经签约不能随意更改。意向书比较灵活，在协商过程中，当事人各方均可按各自的意图和目的提出意见；在正式签订协议、合同前，亦可随时变更或补充，最终达成协议。

（3）简略性。意向书只写明大体方向、合作意向，没有具体的细微的条款。

### 3. 意向书的结构和写法

（1）标题。标题有两种形式。①文种，即以“意向书”为标题；②项目名称＋文种。

（2）正文。正文的构成是：导语＋主体＋结尾。

①导语。写明合作各方当事人单位的全称，双方接触的简要情况，磋商后达成的意向性意见。然后用“本着 ×× 原则，兴建 ×× 项目”，作为导语的结束。

②主体。分条款写明达成的意向性意见，可参照合同或协议的条款排列。

③结尾。写明“未尽事宜，在签订正式合同或协议书时再予以补充”一语，以便留有余地。

（3）落款。写上签订意向书的各方单位的名称、代表人姓名及日期，并加盖公章、私章。

### 4. 意向书范文

**院校合作意向书**

甲方：县职业学校

乙方：附属医院

县职业学校（以下简称甲方）与附属医院（以下简称乙方），就共同建立院校合作关系，建立“附属医院实践培训基地”事宜，经双方友好协商，达成如下合作意向。

一、合作总则

甲、乙双方坚持“发掘优势资源潜力，发展高职高专教育实训培训，优化建设人才结构，打造特色公众品牌”的指导思想，恪守“互相合作、互利互惠、实现双赢、共同发展”的基本原则，同意建立院校合作关系；甲方在乙方挂牌建立“大同县职业实训培训基地”。

甲、乙双方在以下几个领域展开全方位的合作。①社会需求调研开发和设置专业；②培养方案设计与实施；③质量考核与控制；④毕业资格审定；⑤就业服务实训与指导；⑥毕业生跟踪调查；⑦在职职工继续教育与培训、职业资格鉴定和教师实训培养等。通过合作，形成以社会人才市场和学员岗前实训培训就业需求为导向，以行业为依托的院校合作产学研结合的联合办学体制和机制，努力成为建设初、中、高级技能型人才培训、学术研究、项目开发、信息服务与技术援助的载体。

二、责任和义务

（一）甲方

1. 发挥自身的行业优势和社会影响，根据需要与乙方进行项目合作研究，并对双方成果进行推广。

2. 配合乙方进行专业开发前的市场需求调查，科学合理地设置专业。

3. 推选优秀的专业技术人员、管理人员与乙方共同制订和实施专业人才培训方案。

4. 按照乙方培训教学计划，结合单位实际情况，安排学员学习内容，指导实习过程，培训学员实际操作能力，培养职业素质。

5. 配合乙方进行培训教学质量考核、控制和毕业学员资格审定。

6. 为乙方开展就业学员跟踪调查提供方便。

（二）乙方

1. 按照学员岗前实训教育需求设置专业，使培养的人才适应市场的需求。与甲方合作，共同开发与实施专业人才岗前培训方案，即共同确定培训目标、制订教学计划、调整课程设置、承担培训教学任务和保证实践教学的实施。

2. 根据甲方的实际情况和要求，提供信息服务、技术援助和项目合作研究。

3. 根据专业岗前培训教学计划和课程教学大纲要求，初步确定每次培训的时间、内容、人数和要求，提前两个月与甲方联系，与甲方共同制订具体实施计划和安排。

4. 委派教师与甲方技术人员、管理人员共同指导学员实训、项目开发任务，及时掌握新理论、新方法，实现“实用型”教师的培训和优化。

5. 为甲方在职职工的继续教育职业资格（技能）鉴定等方面，提供培训与方便。

三、合作时间

合作时间为十年，根据双方合作意愿和实际情况，可长期合作。首次合作结束后，双方可共同商议形成新的合作意向。

四、其他

1. 本协议一式两份，双方各执一份。合作协议一经双方代表签字、盖章即生效。双方应遵守有关条款，未尽事宜，可由双方协商解决或签订相关条款的补充协议。

2. 如一方单方面违约或有损害对方利益或形象的行为，另一方有权终止协议。

| | |
|---|---|
| 甲方：________（盖章） | 乙方：________（盖章） |
| 代表：________（签字） | 代表：________（签字） |
| × 年 × 月 × 日 | × 年 × 月 × 日 |

## 8.2.2　合同

### 1. 合同的概念

合同是单位与单位、单位与个人、个人与个人之间，为了办理某一事务，根据国家法律法规，经过双方（或几方）协商，制订的共同遵守的条款。《中华人民共和国民法典》规定："合同是民事主体之间设立、变更、终止民事法律关系的协议。"

### 2. 合同的特点

（1）合法性。合同双方当事人应具有合法资格，应具有相应的民事权利能力和民事行为能力。合同的内容、订立必须遵守国家有关法律和行政法规，只有合法的合同才被法律承认有效，受到保护。

（2）规范性。合同的内容和形式都须规范化。只有规范的合同，才能做到有章可循，有据可查，防止歧义，避免纠纷，确保合同各方当事人的合法权益。

（3）制约性。合同双方当事人的地位平等，其相互的权利、义务是对等的，相互制约的双方既享受权利，又要尽义务。如遇特殊情况，需要变更或解除合同，则必须按法律规定的条件和程序，经各方协商，达成新的协议。

（4）准确性。合同中的数量和条款不能含糊其词，一定要非常准确，以免以后说不清楚。

### 3. 合同的分类

（1）按内容分，有协作合同、供销合同、安装合同、运输合同、购销合同、物资保管合同、供应合同、租赁合同、技术转让合同、订货合同、包工合同、借贷合同、出版合同、劳务合同、竞赛合同、师徒合同、修缮合同。

（2）按形式分，有条文合同、表格合同。

（3）按期限分，有长期合同、短期合同、一次性合同。

（4）按签订者关系分，有全民所有制企业合同、全民所有制与集体企业间的合同、工商企业之间的合同、企业内部合同。

### 4. 合同的结构和内容

合同一般包括标题、当事人名称、合同编号与签订时间地点、正文、署名、有效期限等。

（1）标题。主要有五种写法。一是合同种类充当合同名称；二是合同标的加合同种类；三是合同有效期加合同种类；四是单位名称加合同种类；五是混合式写法。

（2）合同当事人名称。要用全称，后文中可用甲方、乙方代替。

（3）合同编号与签订时间、地点。

（4）正文。正文一般包括开头、主体、结尾三个部分。

①开头。主要写明当事人签订合同的依据和目的。

②主体。要写明合同当事人所签订的具体条款，即双方所承担的义务和应享受的权利。以劳动合同为例，大致应具备以下几项基本条款：合同期限、工作时间、生活福利待遇、劳动保护、劳动纪律要求、教育与培训、合同变更、劳动合同的解除、违约责任、其他条款、合同生效日期、争议解决方法。

③结尾。主要写上合同的生效时间、合同的文字形式及份数，合同的签订时间和地点、合同的补充方法等。

（5）署名和有效期限。署名包括合同当事人双方单位的名称、地址、法定代表人姓名、委托代理人姓名或自然人姓名及其电话、开户银行、账号、邮政编码等。合同的有效期限，是指合同具有法律效力的起止时间。

### 5. 合同的写作要求

合同的写作要求主要有：内容要合法；格式要规范；条款要完备、具体；表述要准确、简明；字迹要清楚，文面要整洁。

### 6. 合同范文

**劳动合同**

用人单位（甲方）：________________ 地址及邮政编码：____

职工（乙方）：____ 身份证号码：________ 住址及邮政编码：____

××× 市劳动局印制甲方（单位）因生产（工作）需要，按照国家、省、市有关劳动法律法规的规定，招用 ×××（以下称乙方）为劳动合同制职工。双方根据“平等自愿、协商一致”的原则，签定本合同，确立劳动关系，明确双方的权利、义务，并共同遵守履行。

一、合同期限

本合同自 ____ 年 ____ 月 ____ 日起生效。本合同有效期经甲、乙双方商定，采取下列第 ____ 种形式：

（一）合同有效期限为 ____ 年，至 ____ 年 ____ 月 ____ 日止。

（二）无固定期限。本合同除可因甲方生产经营发生变化或在定期考核中发现乙方未能认真履行本合同规定的劳动义务而依法予以终止外，其他终止条件为________。

（三）合同期限至工作（任务）完成时终止。其完成的标志事件是____。

新招收、调入、统一分配人员的劳动合同，自生效之日起一个月内为试用期。本合同由甲、乙双方各存一份。鉴证合同时，还需交鉴证机构一份，均具有同等法律效力。

二、工作任务

（一）乙方生产（管理）工种（岗位或部门）：__________。

（二）乙方完成甲方正常安排的生产（工作）任务。

三、工作时间

（一）甲方实行每日不超过8小时，平均每周不超过44小时的工作制度，并保证每周乙方至少不间断休息24小时。

（二）甲方可以报经劳动行政部门批准实行不定时工作制或综合计算工时工作制。

（三）甲方因生产、工作需要，经与工会和乙方协商同意，可安排乙方加班加点。但每个工作日延长工作时间不得超过3小时，每月累计不得超过36小时。

（四）有下列情形之一的，甲方延长工作时间不受第（三）项规定限制。

1. 发生自然灾害、事故或者其他原因，威胁劳动者生命健康和财产安全，需要紧急处理的。

2. 生产设备、交通运输线路、公共设施发生故障，影响生产和公共利益，必须及时抢修的。

3. 在法定节日和公休假日内工作不能间断，必须连续生产、运输或者营业的。

4. 必须利用法定节日和公休假日的停产期间进行设备检修、保养的。

5. 为完成国防紧急任务的。

6. 为完成国家下达的其他紧急生产任务的。

四、休假

乙方在合同期内享受国家规定的节日、公休假日以及年休假、探亲、婚丧、计划生育、女职工劳动保护等假期的待遇。

五、劳动报酬

（一）乙方工资分配形式、标准如下。

1. 甲方按照政府有关企业职工工资，特别是不得低于本市最低工资标准的规定，制定本企业工资制度，确定乙方工资形式和工资标准。

2. 乙方试用期工资 _____ 元/月；试用期满乙方起点工资定为 _____ 元/月。甲方可按企业工资制度调整乙方工资。

（二）甲方每月如期发放工资。如遇节假日或休息日，应提前在最近的工作日支付工资。

（三）甲方安排乙方加班，平时和休息日加班无法安排补休的，按不低于国家（含省、市）规定的标准发给加班工资。其中：

1. 安排延长工作时间的，甲方支付不低于工资 ××% 的加班工资。如加班时间在 22 时至次日 6 时期间的，支付 ××% 的加班工资。

2. 休息日加班，支付 ××% 的加班工资。

3. 法定休假日加班支付 ××% 加班工资。但乙方实行综合计算工时工作制的，其工作时间应以一定周期综合计算，属加班时间部分，应按加班工资计发。

（四）非乙方原因所致的停工、停产，在一个工资支付周期内的，甲方应按本条第（一）项标准支付工资；超过一个工资支付周期的，甲方按不低于本市规定的失业救济标准发给乙方生活费。

（五）乙方在法定工作时间内依法参加社会活动期间，以及依法享受年休假、探亲假、婚假、丧假、计划生育假、女职工劳动保护假期间，甲方按不低于本合同确定的乙方的工资标准支付工资。

（六）如甲方克扣或无故拖欠乙方工资，拒不支付乙方加班工资，低于本市最低标准支付乙方工资的，均应予以补发，并应按国家规定支付乙方经济补偿和赔偿金。

六、保险福利待遇

（一）在合同期内，甲、乙双方需按照国家及省、市有关规定，缴纳基本养老保险、失业保险和工伤保险等社会劳动保险基金。同时，甲方应定期向乙方通告缴纳社会劳动保险金情况。

（二）甲方按国家、省、市有关规定，给予职工“五期”（经期、孕期、产假期、哺乳期及更年期）的劳保福利待遇和乙方符合计划生育子女的劳保医疗待遇。

（三）乙方患职业病或因工负伤医疗期间的保险福利待遇，甲方按本市有关社会工伤保险规定执行；医疗终结，经市医务劳动鉴定委员会确认，属完全丧失劳动能力的，由甲方按规定给予办理提前退休；属部分丧失劳动能力的，按本市有关规定执行。

（四）乙方在合同期内患病或非因工负伤，其病假工资、疾病救济费和医疗费等按不低于国家、省、市有关规定执行。

（五）乙方因工或非因工死亡的丧葬补助费、供养直系亲属抚恤费、救济费、一次性优抚金、生活补贴、供养直系亲属死亡补助费等，按国家及本市有关规定由社会劳动保险公司或甲方分别计发。

（六）非乙方原因所致的停工、停产期间，乙方按国家规定享受的休假、劳动保险、医疗等待遇不变。

（七）乙方其他各种福利待遇，按甲方依法制定的制度执行。

七、劳动保护和劳动条件

（一）甲方执行国家有关劳动保护规定和标准，包括有关女职工、未成年工（未满18周岁的职工）的劳动保护规定和《××省劳动安全卫生条例》，切实保护乙方在生产、工作中的安全和健康。

（二）甲方按国家“先培训后上岗”的规定，对乙方进行安全生产知识、法规教育和操作规程培训以及其他的业务技术培训。乙方应参加上述培训，并严格遵守其岗位有关的安全卫生法规、规章、制度和操作规程。

（三）甲方根据乙方从事的工作岗位和有关规定，发给乙方必需的劳动保护用品，按劳动保护规定定期免费安排乙方进行体检。

（四）乙方有权拒绝甲方的违章指挥，对甲方及其管理人员漠视乙方安全健康的行为，有权提出批评并向有关部门检举、控告。

八、劳动纪律及奖惩

乙方应遵守甲方依法制订的《职工守则》等各项管理制度，甲方有权对乙方履行制度的情况进行检查、督促、考核和奖惩。

九、续订、变更、解除、终止劳动合同

（一）本合同固定期限届满即自然失效，双方必须终止执行。如经双方协商同意，可以续订合同。

（二）如甲方因生产经营情况变化，调整生产任务，或者乙方因个人原因要求变更本合同条款。经合同双方协商同意，可以变更劳动合同的相关内容，并由双方签字（盖章）。

如甲方订立劳动合同时所依据的客观情况发生重大变化，致使原合同无法履行，经当事人双方协商不能就变更劳动合同达成协议的，甲方可以解除劳动合同。

（三）有下列情形之一的，劳动合同即告终止。

乙方已达到法定退休年龄的；乙方死亡；乙方被批准自费出国留学或出境定居的；甲方被依法撤销、解散、歇业、关闭，宣告破产；本劳动合同约定的终止条件（事件）已经出现。

（四）本合同经甲、乙双方协商一致可以解除。

（五）有下列情形之一的，甲方可解除劳动合同。

乙方在试用期内，被证明不符合录用条件的；乙方严重违反劳动纪律及甲方依法制定的规章制度；乙方严重失职，营私舞弊，对甲方利益造成重大损害的；乙方的行为按照国家的法律法规规定被追究刑事责任的；乙方不能胜任工作，经培训或调整工作岗位仍不胜任工作的；乙方患病或非因工负伤，医疗期届满后不能从事原工作，也不能从事由用人单位另行安排的工作的；劳动合同期虽未满，但甲方因生产经营状况发生严重困难以及破产或濒临破产处于法定整顿期间，确需按有关规定裁减人员的；其他符合国家、省、市规定的，可以解除劳动合同条件的。

（六）有下列情形之一的，乙方可随时解除劳动合同。

在试用期内，经国家有关部门确认，甲方劳动安全卫生条件恶劣，没有相应保护措施，严重危害乙方安全健康的；甲方不能按劳动合同规定支付劳动报酬；甲方不按规定为乙方办理缴纳退休养老保险等社会劳动保险金的；甲方以暴力、威胁或者非法限制人身自由的手段强迫劳动的；甲方故意不履行劳动合同，严重违反国家法律法规，侵害乙方其他合法权益的。

（七）乙方非依据本合同规定解除劳动合同，应提前30天以书面形式通知甲方。但不免除乙方应依约承担的责任。

（八）有下列情形之一，甲方不得解除劳动合同。

乙方患职业病或因工负伤，医疗终结期内，或医疗终结后经市、县级医务劳动鉴定委员会确认属大部分丧失劳动能力的；乙方患病或非因工负伤，在规定的医疗期内或医疗期虽满但仍住院治疗的；符合计划生育政策的女职工在孕期、产假期、哺乳期内的；乙方经批准享受法定假期，在规定期限内的；符合国家、省、市有关规定不得解除劳动合同的。

（九）除试用期内或职工被违纪辞退、除名、开除及本合同另有其他特别规定等情况外，甲、乙双方解除本合同，必须提前一个月书面通知对方。提前时间不足者，按相距的实际天数，以乙方当月工资收入的日平均数额计算补偿给对方。

（十）甲方应按规定为终止、解除劳动合同的职工办理填发《职工劳动手册》、转移档案等有关手续，为乙方办理待业登记、领取失业救济金提供方便。

（十一）甲方租赁、出售给乙方居住的房屋，双方应签订住房合同。甲、乙双方因各种原因解除或终止本劳动合同时，有关住房问题按住房合同规定办理。

（十二）若本合同终止或解除，乙方应将合同履行期内甲方交给乙方无偿使用、保管的物品、工具、技术资料等，如数交还给甲方；如有遗失，应予赔偿。

（十三）乙方符合国家规定的退休（含提前退休）条件，甲方应按规定为其办理退休手续，并按本市有关规定管理。

（十四）甲方在合同期内解除劳动合同，按《中华人民共和国民法典》第四十六条的规定，发给乙方经济补偿金。属试用期内或因乙方被作违纪辞退、除名、开除导致劳动合同解除的，甲方不发给补偿金。

（十五）其他未尽事宜，由甲乙双方在互敬互谅的基础上协商解决。

甲方（签字、盖章）：__________　　乙方（签字、盖章）：__________

签署日期：__________　　签署日期：__________

## 8.2.3　协议书

### 1. 协议书的概念

协议书是社会组织或个人之间对某一问题或事项经过协商、谈判达成共识后，明确双方的权利和义务，共同签署的具有法律效力的文书。

### 2. 协议书的作用

协议书作为契约的一种，将双方经过洽谈商定的有关事项记载下来，作为检查信用的凭证；一经订立，对签订各方具有约束作用。它确定了双方的权利与义务，双方各执一份，作为凭据，互相监督、互相牵制，以保证合作的正常进行。

### 3. 协议书的分类

根据协议书的作用，协议书可以分为意向式协议书、补充修订式协议书、合同式协议书。

（1）意向式协议书。意向式协议书制作于正式合同之前，为正式签订合同提供依据和参考。

（2）补充修订式协议书。补充修订式协议书制作于正式合同之后，即补充修订已签订合同中条款内容的不足。

（3）合同式协议书。凡是在《中华人民共和国民法典》规定的合同形式之外的合作形式，均可用协议书的形式来表现。

### 4. 协议书的结构和内容

（1）标题。协议书的标题，一般是标出协议书的性质和内容，如《代理协议书》《拆迁协议书》。

（2）开头。开头要写明签订协议当事人的姓名或企业名称及法定代表人姓名。为了行文方便，规定某一方为甲方，另一方为乙方。

（3）正文。正文是协议书的主要部分。正文部分必须写明当事人双方所议定的事项，写清楚当事人双方各自承担的义务和所享受的权利。这些内容通过以下条款来表达，其形式与合同基本相同：①标的；②数量；③质量；④价款或者报酬；⑤履行的期限、地点和方式；⑥违约责任。除此之外，正文部分还要写明本协议一式几份，由谁保管；注明协议的附件、有效期限。

（4）落款。落款部分应写明签订协议书的当事人双方的单位名称及法定代表人姓名，或自然人姓名，均需加盖印章，还要写上签订协议书的日期。

### 5. 协议书范文

**××职业中专学校与××公司校企合作协议**

甲方：××职业中专学校　　乙方：××汽车科技有限公司

地 址：××××××××××　　地址：××××××××

联系电话：×××××××××××　　联系电话：×××××××××××

传真：××××××××　　传真：××××××××

**第一章　总 则**

第一条　为贯彻科教兴国方针，推动职业技术教育的发展，促进企业提高人才水平和科技创新能力，甲、乙双方决定进行全面合作，共同培养具有服务意识、创新能力和可持续发展能力的高素质高技能人才。

第二条　双方经友好协商，本着优势互补、共同发展的宗旨，在项目申报与开展、技术交流与合作、课程资源开发与培训协作、教学与科研经营、政府活动等领域加强合作，达成一致意向，签订本协议。

第三条　双方应保持经常性沟通与联系，互通信息，共同建立规范的合作信息网络工作系统，促进合作的全面深入开展。

**第二章　项目申报与开展**

第四条　随着甲、乙双方教学、科研的开展，在甲、乙双方自有项目或与政府及其他企事业单位合作项目产生时，甲、乙双方应积极配合对方及时完整地提供必要的项目材料，相互协助完成项目申报材料的编制，及时办理相关附件，保证申报材料的完整并能成功递交到政府或项目其他指定部门；甲、乙双方相互提供的材料和文件必须保证真实有效。乙方有义务为甲方汽车专业的课程开发、课程建设、课件资源、教学软件、教学网络平台等提供帮助。

第五条　在进行项目申报和开展的过程中，甲、乙双方应指定各自的项目联系人，负责材料传递、项目实施、项目进度管理及项目其他工作等。如有一方更换项目联系人，应及时通知对方。

**第三章　技术交流与合作**

第六条　为了研究和开拓新的汽车教育技术，甲、乙双方应在对方需要时积极提供必要的技术指导与支持，经甲、乙双方同意可以定期或不定期开展技术学习与研究活动。甲、乙双方可以根据实际情况建立实训基地，实现人才教育和技术交流的双向合作。具体形式是乙方在甲方建立挂牌实训基地，通过基地载体甲方可以培养学生、开展教学活动；乙方可以培训员工，实施产品研发，实现校企双赢。通过实训基地，甲方和乙方的培训要求都得以实现，促进资源使用的高效低耗和教学质量的优化。挂牌名称由甲、乙双方另行协商确定。

第七条　乙方可以安排员工到甲方参加专业培训，参加培训的员工应遵守甲方的有关规章制度；甲方为乙方员工培训提供包括专业教师授课在内的必要条件。甲方可以安排学生到乙方参加实习，乙方每年接受甲方选定的至少10名学生参加实习，参加实习的学生应遵守乙方的相关规章制度；乙方为甲方学生提供实习所需的必要条件。乙方优先录用甲方实习表现优秀的学生。乙方帮助甲方培训学生参加省级、国家级汽车方面技能大赛，并获得一定奖项。

第八条　乙方可以在甲方校内建立实验实训室，甲方应认真维护与管理乙方资助建立的实验实训室。乙方资助甲方一批教学与管理的各种设备、仪器等，督促甲方认真维护与有效利用；甲方应认真维护与有效利用乙方资助甲方用于教学与管理的各种设备、仪器等。

**第四章　课程资源开发与培训协作**

第九条　甲方在相关课程开发与制作时，乙方可参与修改课程计划、调整课程设置。甲乙双方可合作开发与课程相关的教学课件、教学软件、教学网络平台以及其他教学资料，涉及知识产权的由甲乙双方另行协商确定。

第十条　在进行产品研发或素材制作等过程中，甲乙双方应充分利用各自资源相互配合，努力开发最优产品；当乙方有素材制作需求时，可向甲方申请相关教师或学生进行协同制作，甲方应积极响应乙方的需求并安排适当的人员予以配合，涉及知识产权的由甲乙双方另行协商确定。

第十一条　为扩大甲乙双方的知名度与社会影响，并为中国汽车职业教育事业添砖加瓦，甲乙双方可在协定时间开展各种师资培训、学员培训、企业培训、培训教材编写等一系列教育培训任务，甲乙双方结合自身条件积极承担各自的培训任务。如甲方可提供培训场地以及师资等，乙方可提供技术指导、培训策划以及专家讲师团等，具体培训任务由甲乙双方协商确定，视情况签署培训合作协议等相关条款。

**第五章　教学科研经营合作**

第十二条　教学科研经营合作，包括互派教师技术人员、共建实验实训室、设立基金奖教奖学、合作创办企业以及其他一切有利于双方共同利益的合作事项。

第十三条　甲方可以聘请乙方经营、生产技术、科研、管理人员到甲方做学术报告；乙方推荐经营、生产技术、科研、管理人员到甲方做学术报告，向甲方提供相关技术信息、咨询等服务。

第十四条　甲方可以聘任乙方推荐的高级技术人员、管理人员为双师型兼职教授、副教授、讲师，直接参与甲方教学工作；乙方推荐符合双师型要求的技术人员、管理人员作为甲方的兼职教师，并支持他们到甲方开展授课、指导实训、编写教材等教学活动。

第十五条　甲方可以安排有经验的专业教师承担或参与乙方科研工作，优先优惠为乙方提供新信息、新技术的科技咨询和科研成果技术转让；乙方提供科研项目并接受甲方推荐的专业教师参与研发工作。自签订协议之日起，甲乙双方三年内完成两个科研项目。乙方聘请甲方推荐的专业教师参与科研工作。

第十六条　乙方在学院设立校企合作办学奖学金基金至少 3 年，2000 元/年，用于对学院汽车专业优秀学生的奖励，由甲方与乙方共同进行评选决定。

第十七条　乙方可以申请对甲方二级学院（部）、实验实训室、楼堂馆所、班级等进行冠名；冠名事项商定、实施后，甲方尊重并维护乙方的冠名权。

第十八条 乙方优先使用甲方校内教学实训场所及设备，参股甲方的校办企业，开展经营合作。

**第六章 政府活动**

第十九条 如甲乙双方涉及政府活动，如政府招投标、政府基金以及科研活动等，甲乙双方应优先考虑相互合作，及时将政府活动信息告知对方，并积极协助对方参与直至成功。

**第七章 附 则**

第二十条 本协议为双方进行合作的原则性文件，应根据双方具体的合作事项，依据本意向书精神，协商具体实施细则，签订具体的合作协议。

第二十一条 双方每年检查评估本意向书执行情况，总结合作经验，调整、完善合作方案。

第二十二条 双方根据全面合作开展情况，在各类媒体上进行相关宣传，扩大双方影响。

第二十三条 乙方将自主开发的产品，以双方合作的优惠价供应给甲方教学以及教研使用。

第二十四条 本意向书一式四份，双方各执两份。经双方授权代表共同签字盖章后生效，协议有效期三年。如需延长，在协议到期前三个月双方进行协商。

| | |
|---|---|
| 甲方（章）: | 乙方（章）: |
| 授权代表（签字）: | 授权代表（签字）: |
| 签署日期: | 签署日期: |

## 8.2.4 招标书

### 1. 招标书的概念

招标书又称招标通告、招标启事、招标广告，它将招标主要事项和要求公告于世，从而使众多的投资者前来投标。招标书一般都通过报刊、广播、电视等公开传播媒介发表。在整个招标过程中，它是属于首次使用的公开性文件，也是唯一具有周知性的文件。

### 2. 招标书的构成

（1）标题。招标书的标题要介绍招标单位名称、招标项目内容和文种，如《××

大学修建宿舍楼招标书》，使读者对于招标的内容一目了然；也可只写招标项目内容和文种，如《×× 工程招标通告》；还可以只写文种名称，即《招标书》。

（2）正文。正文由引言、主体两部分组成。

①引言。引言也可称为导语，主要写明招标单位的基本情况和招标目的。

②主体。即招标书的主要内容，在此部分要逐条写清文件编号、招标项目名称、招标要求、招标方式（公开招标、内部招标、邀请招标）、招标时限、招标地点、应知事项等内容。

（3）结尾。结尾应写明招标单位的名称、地址、电话、传真号码、联系人、邮政编码、发文日期等，以便投标者联系。

### 3. 招标书写作注意事项

（1）周密严谨。招标书是签订合同的依据，是一种具有法律效应的文件。内容和措辞都要周密严谨。

（2）简洁清晰。招标书没有必要长篇大论，只要把所要讲的内容简要介绍，突出重点即可。

（3）注意礼貌。这时涉及的是交易贸易活动，要遵守平等、诚恳的原则。切忌盛气凌人，更不能低声下气。

### 4. 招标书范文

**×× 市政府采购招标公告**

×× 市政府采购中心按市政府采购管理办公室下达的政府采购计划，拟对 ×× 市 ×× 区 ×××× 职业中专学校汽车实训设备项目进行公开招标方式采购，欢迎符合条件的供应商积极参加投标。

1. 文件编号：QSGK2024-004。

2. 项目名称：×× 市 ×× 区 ×××× 职业中专学校汽车实训设备项目。

3. 项目内容及技术要求：发动机拆装实训设备、底盘实训设备等，具体要求及详细内容详见招标文件。

4. 投标要求：投标人不得对标段拆分投标。本项目拒绝进口产品。

5. 投标人资格要求：符合《中华人民共和国政府采购法》第二十二条规定，具备该项目经营资质且信誉良好的供应商。

6. 报名时投标方须提供营业执照（副本）、税务登记证（副本）、组织机构代码证原件或复印件（复印件加盖红章）。

7. 报名时间：2024 年 1 月 14 日至 2024 年 1 月 20 日，上午 8: 00—11: 30；下午 1: 30—5: 00（节假日除外）。

8. 报名地点：办公中心六号楼6931室。

9. 开标时间：2024年2月10日 上午8：30。

10. 开标地点：××市党政办公中心六号楼6917会议室。

11. 项目负责人：杨××

12. 项目联系人：张××、林××

电 话：×××××××××××

传 真：×××××××××××

户 名：××市人民政府物资采购中心

开户行：××银行××支行

账 号：×××× ×××× ××× ×××

××省××市政府采购中心

2024年1月14日

**知识链接**

### 制作招标书的原则

**原则一：遵守法律法规**

招标文件是一份具有法律效力的文件。接到采购项目委托以后，首先要考虑该项目是否有可行性论证报告、是否通过国家相关管理部门的批准、资金来源是否已落实等。

招标文件的内容应符合国内法律法规、国际惯例、行业规范等。这就要求政府采购从业人员不仅要具有精湛的专业知识、良好的职业素养，还要有一定的法律法规知识。如合同条款不得和《中华人民共和国民法典》相抵触。如有的招标文件中要求必须有本省的某行业领域资格证书，限制外地供应商竞争的规定，这就与我国法律相背离。

**原则二：反映采购人需求**

招标代理机构面对的是采购单位对自己的项目了解程度差异非常大，再加上采购项目门类繁多，招标代理机构编制招标文件前就要对采购单位状况、项目复杂情况、具体要求等所有需求有一个真实全面的了解。

在编招标文件时，应考虑的都要考虑到。即使当时不能确定具体要求，也应把考虑到的要求提出来。想到了，但不能确定的也应提出来，让投标者根据自己的经验来建议。

殊不知，有时一个细微疏漏，就可能造成被动局面。比如，只注意设备的技术性能而忽略其整体几何尺寸，最后设备可能进不了厂房的门，进了门可能又没有适合的空间来安装调试；考虑报价要求时，可能对设备报价都提出了要求，偏偏把分项报价忽略了，这都会给实际工作带来困难。

原则三：公正合理

公正是指公正、平等对待使用单位和供应商。招标文件是具有法律效力的文件，双方都要遵守，都要承担义务。

合理是指采购人提出技术要求、商务条件必须依据充分并切合实际。技术要求根据可行性报告、技术经济分析确立，不能盲目提高标准、提高设备精度等。否则，会多花不必要的钱。合理的特殊要求，可在招标文件中列出。但这些条款不应过于苛刻，更不允许将风险全部转嫁给中标方。由于项目的特殊要求需要提供合同条款。如支付方式、售后服务、质量保证、主保险费及投标企业资格文件等，这部分要求的提出也要合理。验收方式和标准应采用我国通用的标准，或我国承认的国外标准、欧洲标准等。

原则四：公平竞争

公平竞争是指招标文件不能存有歧视性条款。只有公平才能吸引真正感兴趣、有竞争力的投标厂商。招标文件不能含有歧视性条款，政府采购监管部门对招标工作的监管最重要的任务之一，就是审查招标文件中是否存有歧视性条款。当然，技术规格要求制定得过低，看似扩大了竞争面，实则给评标带来了很大困难，让评标的正确性很难体现，最后选择的结果可能还是带有倾向性。

原则五：科学规范

以最规范的文字，把采购的目的、要求、进度、服务等描述得简洁有序、准确明了，使有兴趣参加投标的所有投标人都能清楚地知道需要提供什么样的货物、服务，才能满足采购需求。不允许使用大概、大约等无法确定的语句；不要委婉描述，不要字句堆砌。表达上的含混不清，会造成理解上的差异。不要在某一部分说清楚了的事，又在另外章节中复述，否则容易产生矛盾，让投标人无所适从。如对设备的软件问题，也应根据需要合理提示，以防在签约时出现价格问题。

原则六：维护政府、企业利益

招标文件编制要注意维护采购单位的秘密，如给公安系统招网络设备就要考虑安全问题。不得损害国家利益和社会公众利益，如噪声污染必须达标，为了维护国家安全，给广电部门招宽带网项目时就要注意这个问题。总之，考虑要尽量地细致、全面，执行起来就越顺当。招标项目门类繁多，只有多积累、多调查、多思索，才能深入浅出，编出一份合乎规范的招标文件来。

## 知识拓展

### 契约与诚信

中国是世界上契约关系发展最早的国家之一。早在西周时，就有了一些对契约的界定，如《周礼》中就有“六曰听取予以书契”“七曰听卖买以质剂”（《周官·小宰》）。取予，是指财物所有权的转移。在这种转换过程中，应以书契为凭。宋人王昭禹说：“载于简牍谓之书，合而验之谓之契。”书契在买卖交易中又称为“质剂”。在古代使用简牍书写的时代里，总是将交易内容一式二份同时写在简牍两边，然后从中间破别开来，两家各得其一。检验时，两片验之相合称为契合。这种书契长形者称为质，多用于大型交易；短形者称为剂，多用于小规模交易。如果当事人在契书上手书文字，或刻画印痕以为鉴证者，又称为“傅别”“符别”，或称为“莂”。

现存最早的契约，是近三千年前镌刻在青铜器皿上的《周恭王三年（公元前 919 年）裘卫典田契》等四件土地契。将契约文字刻写在器皿上，就是为了使契文中规定的内容得到多方承认、信守，“万年永宝用”。所以订立契约的本身，就是为了要信守，就是对诚信关系的一种确立。诚信，是我国所固有的一种优良传统，也是延续了几千年的一种民族美德，在中国儒家的思想体系里，是伦理道德内容中的一部分。孟子说：“诚者，天之道也；思诚者，人之道也。”（《孟子·离娄上》），这是说，“诚”是天地间运行的一种法则，而追求诚是人的法则，是人对天地间这一法则的尊崇和效仿，它要求着人具有真实毋欺的品性。“信”也是儒家的一种道德规范，即言出要兑现。孔子要求做人要“言必信，行必果，敬事而信”，即要身体力行，说话算数。“信”就是指遵守承诺、诚实不妄的品格，被儒家列为“五常”伦理道德“仁、义、礼、智、信”中的一种。

## 学习案例

### 就业意向书

甲方（用人单位）：________________________

乙方（毕业生）：__________________________

甲、乙双方通过供需见面、双向选择，达成如下协议。

一、甲方已如实向乙方介绍本单位情况，以及拟安排乙方工作岗位情况，并通过对乙方的了解、考核，同意录用乙方。乙方已如实向甲方介绍本人的情况，并通过对甲方的了解，愿意到甲方就业并在约定期限内签署三方就业协议。

二、甲方为乙方提供的工作条件、劳动保护、劳动报酬及福利应符合国家有关规定。

三、乙方到甲方所属单位报到（签订劳动合同）时，必须取得毕业证及学位证。否则，甲方不予录用。

四、三方就业协议签订时间如下。

乙方最迟于2024年12月31日前与甲方签订三方就业协议，否则视为乙方自动放弃。甲方在收到乙方就业协议后，15个工作日内，将经甲方盖章后的三方就业协议反馈给乙方。

五、违约责任

鉴于甲方在招聘过程中的招聘成本支出，乙方在签订本协议后，出现以下情况视为违约，并向甲方支付违约金人民币×××元（¥×××）。

1. 乙方在离校前要求与甲方解除已签订的就业协议。

2. 乙方被录取后，未按规定在2024年12月31日前（两周内）到甲方报到（并签订劳动合同）。

3. 甲方无正当理由拒绝接受符合录用条件的乙方报到。

六、协议生效及其他

本协议的签订仅视为甲乙双方对就业意向的约定，不视为劳动关系的成立。本协议经双方签字后生效。

本协议一式二份，甲方留存一份，乙方留存一份。

甲方（用人单位）：_______________　　乙方（毕业生）签名：__________

联系电话：____________________　　联系电话：____________________

_____年____月____日　　_____年____月____日

◆ 想一想

就业意向书和劳务合同一样吗?

◆ 案例分析

毕业生就业意向，是指毕业生的就业意识、就业观念、就业期望、就业标准和就业评价等方面的统称。通常也指毕业生离校前主观上所期望的毕业去向、行业选择、区域选择和薪酬期待等。毕业意向书不像劳务合同，一经签约不能随意更改，意向书比较灵活。在协商过程中，当事人各方均可按各自的意图和目的提出意见，在正式签订协议、合同前，亦可随时变更或补充，最终达成协议。

## 小结

学习情境8是关于契约文书的写作内容。

契约文书是机关、团体及个人在政治活动和经济生活中经常使用的应用文。它以文字的形式把双方或多方，在交往中商定的有关事项记载下来，作为共同履行的凭证，具有较强的约束力。

契约文书广泛地应用在社会各个领域里，约束和规范着人们的行为，使国家的利益、集体和公民的合法权益不受侵犯。

契约文书具有政策性、强制性和互利性的特点。

## ◎ 单元小练

1. 填空题

（1）意向书指的是双方或者多方就某一项目或问题在经过初步接触、商谈后，就该项目或问题达成的带有 ________ 、 ________ 的一种文书。

（2）合同是民事主体之间设立、 ________ 、 ________ 民事法律关系的协议。

2. 简答题

（1）合同具有哪些特点?

（2）协议书的构成和内容有哪些?

# 学习情境 9 公文

## 情境导入

**×××职业学校停课通知**

各单位:

按照校历安排，学院定于×年×月×日（星期五）至×月×日（星期六）举行第二十一届校运会。×月×日、×日全校停课两天，补课自行安排。

特此通知。

×××职业学校校委会

×年×月×日

## 案例导航

这是一篇一般性通知。一般性通知的撰写，要视具体情况确定，不同的内容有不同的要求。标题，一般由三个部分组成。比较简单的“通知”，可省略前面的一项或两项内容，应根据具体内容确定。正文的撰写千差万别。比如，《成立和调整领导机构的通知》，开头部分，要写明成立、调整的缘由和形成此决定的机关；要一一核对领导机构的人员、职务，防止人名与职务不对应。正文之后署发文机关的名称，但行政机关独立行文的公文只盖章，不署名。

**学习目标**

◎ 知识目标

掌握公文的性质、分类和特点。

掌握各类公文的写法。

◎ 能力目标

能明确各类公文的适用范围。

能对各类公文的格式进行审查。

◎ 素质目标

提高对公文写作的认知，提高公文写作水平。

提高级别观念，增强行政素质。

**思政目标**

提高自我规划的能力，培养做事的条理性和纪律性。

提高对社会政治的关注度，加深对国家事务的了解。

# 学习单元 9.1 公文的性质和特点

## 9.1.1 公文的性质

公文是各级各类国家机构、社会团体和企事业单位在处理公务活动中使用的有着特定的效能和广泛的用途的文书。它能超越时空的限制，为国家管理提供所需的信息。

公文处理是围绕公文形成并产生效力的整体过程，它涉及了国家机关和社会组织的各级各类人员。认识公文的特点、内涵是写好公文的先决条件。

## 9.1.2 公文的特点

公文区别于其他文章的主要特点是，公文是具有法定效力与规范格式的文件。具体表现为以下三点。

（1）公文的制作者是依法成立的组织。

（2）公文具有特定效力，用于处理公务；公文具有行政机关赋予的特定的效能和影响力。

（3）公文具有规范的结构和格式。各种类型的公文都有明确规定的格式，而不是像私人文件，主要靠各种“约定俗成”的格式。

**知识链接**

### 公文的立卷归档

立卷归档就是将处理完毕的公文，按照一定的原则组合成案卷，以便向档案部门移交的过程。文件整理方式，主要有以“卷”为单位整理和以“件”为单位整理两种。这里介绍以卷为单位的文件立卷程序。

1. 文书立卷

文书立卷是指文书部门将办理完毕的、具有查考和保存价值的文件材料，按照它们在形成过程中的联系和规律，组成案卷的过程。

文书立卷是文件运转处理流程中的一个程序，也是文书工作三大组成部分之一。文件经过立卷，向档案部门归档，文书工作才最后完成。

文书立卷归档包括立卷、归档两个阶段。立卷阶段由编制立卷类目、分类、排列、编号、填写卷内目录和备考表、填写卷皮、装订等环节组成；归档阶段由编写案卷目录、编写立卷说明、移交归档、销毁等环节组成。

2. 文书归档

文书归档指文书部门将经系统整理的档案，移交给机关档案室保存的过程。文件经过整理立卷之后，需向档案部门移交归档，文书处理程序便进入了归档阶段。机关档案室是积累、保管本机关档案的专门机构。

归档阶段步骤主要有以下几点。

（1）编制案卷目录。案卷目录是案卷的名册，是先将装订好的一个年度的案卷按一定的方法排列，然后再根据其排列顺序逐一编号登录。

（2）编写立卷说明。立卷说明即文件整理情况说明，是在文件整理结束后，对当年的机构、主要职能活动、文件整理归档情况和文件材料内容做概括说明。

（3）移交归档。移交归档就是将机关立卷的文件移交档案室的过程，是机关文件整理工作的最后一个环节。移交归档文件有严格的制度，包括归档范围、归档时间、归档案卷的质量要求、归档手续等都有详细说明。

（4）销毁。销毁是指对已经办理完毕而又无保存价值，或属于重复的文件进行焚毁的过程。销毁文件要准确界定销毁范围，履行销毁审批手续，并对需销毁的文件登记造册，然后按照销毁规定进行销毁。

# 学习单元9.2 公文的种类及写法

## 9.2.1 决议

### 1. 决议的适用范围

决议主要适用于党的领导机关就重要事项，经过会议讨论通过其决策，并要求进行贯彻执行的重要指导性公文。

### 2. 决议的结构和写法

决议一般由标题、通过日期与正文三部分组成。

（1）标题。多采用“会议名称 + 事由 + 决议”的形式，也有采用“事由 + 决议”的形式，但很少有仅以“决议”二字作标题的。

（2）通过日期。凡属于法定会议正式讨论通过的决议，日期一般放在标题之下，在小括号内注明会议名称及通过时间，有时也可省略会议名称。

（3）正文。决议正文的行文方式，往往因决议的类型不同而有所区别。

①对于事项性决议，其正文一般由决议根据、决议事项、决议结语三个层次构成。

决议根据部分，简短概要地写明在何时，经过什么会议、以什么为目的、讨论通过了什么问题或事项。

决议事项部分，通常行文采用第三人称的口吻来阐明有关事项。至于涉及范围较广的决议，多采用分条列项的方法。

决议结语部分，应根据需要而定，写法上要与内容紧密衔接，一般提出要求或发出号召。切忌不着边际，泛泛而论。

②对于纪要性决议，其正文一般由决议缘由、决议内容、执行要求三个层次构成。

决议缘由，概括地写明决议的根据、目的、意义及背景，常用“特作如下决议”“现决议如下”等承启语过渡到决议内容部分；要求文字简洁明了，语言概括明确。

决议内容，写明决议事项的具体内容、原则、办法、措施、要求、规定事项等，要求用语准确精练，语气肯定。

执行要求，提出执行本决议的要求、意见或期望。

### 3. 决议的写作注意事项

从写作的角度来要求，应当注意：决议阐述的内容，必须是经过有关会议讨论通过的，切不可随意发挥；要以事实为根据，以深刻和充分的分析为前提；同时，要注意语言的准确、凝练、恰当、有力。

### 4. 决议范文

**××省人民代表大会常务委员会关于进一步加强法治宣传教育的决议**

（×年×月×日××省第×届人民代表大会常务委员会第×次会议通过）

为了贯彻落实全国人民代表大会常务委员会《关于进一步加强法治宣传教育的决议》，推动法治宣传教育第×个五年规划的实施，进一步增强全社会的法律意识和法治观念，大力弘扬社会主义法治精神，加快依法治省进程，为××经济社会发展营造良好的法治环境，特作如下决议。

一、深刻认识加强法治宣传教育在加快依法治省进程中的重要作用。

二、全面深入学习宣传以宪法为统帅的中国特色社会主义法律体系。

三、切实增强法治宣传教育的针对性和实效性。

四、丰富和创新法治宣传教育的形式和方法。

五、把法治宣传教育和法治实践相结合，全面开展法治城市、法治县（市、区）创建活动，切实推进法治建设。

六、加强法治宣传教育的组织领导和监督保障。

## 9.2.2　通告、公告

### 1. 通告

（1）通告的概念及特征。通告是适用于在一定范围内公布应遵守或者周知的事项的公文。其特征如下。

①用于宣布一般性事项，有别于公告宣布重大事项。

②通告只在国内一定范围内公布，有别于公告。公告既向国内也向国外公布。

③通告可以由各级机关、人民团体、企业或事业单位发布，有别于公告只能由地位较高的机关发布。

④通告不写抬头，无主送单位。

（2）通告的种类。

①周知类通告。主要是使受文者了解重要情况、重要消息。因此，文中不提直接的执行要求。

②执行类通告。主要向受文者交代需要遵守、执行的政策、措施以及其他行为规范，具有一定的强制力。

（3）通告的写作格式。通告由标题、正文、发文机关和日期等部分组成。

①标题。由发文机关、事由、文种构成。根据具体情况，也可使用发文机关加文种、事由加文种或只写“通告”二字。

②正文。由缘由和通告事项两部分组成。缘由为发布通告的原因和根据，事项为须知和遵守的内容。用“特通告如下”转承连接。通告事项是面对大众的，应简洁明了，叙述清楚，通俗易懂，便于掌握。结尾部分可提出要求、希望，并用“特此通告”作结。有时也可不写，形式比较灵活。

③署名和日期。正文后，签署发布通告的机关名称和日期。

（4）通告实例。

通　告

×年×月×日，本校学生×××在上课时间内无故旷课。其行为已经违反了学校管理制度，影响了学校名誉，也在全校造成了恶劣影响。

现经研究决定，给予×××通报批评一次，以观后效。

希望其他同学能引以为戒，认真学习，严格遵守学校各项规章制度。

×××××学校

×年×月×日

**2. 公告**

（1）公告的概念及特点。公告是上至国家高级权力机关、行政机关向国内外宣布重要事项或法定事项，下至各机关部门、人民团体、企事业单位向有关方面或人民群众宣布重要事项的知照性公文。公告的特点如下。

①内容的规定性。公告所宣布的事项是国内外极为关注的重大事项，所宣布的内容是能够向国内外公开的重大决定。它的使用要考虑在国际国内所可能产生的政治影响。

②发文机关的特定性。公告的发文机关仅限于国家最高权力机关、最高行政机关及其工作部门。

③告知的广泛性。公告向国内外发布，其告知的范围相当广泛。

④传播的新闻性。公告通过报纸、广播、电视等新闻媒介公开发布。

（2）公告的种类。根据内容、性质、作用和发布机关的不同，公告可以分为国家重要事项公告和法定事项公告。国家重要事项公告是宣布有关国家的政治、军事、经济等方面重要事项的公告。法定事项公告是国家公布有关法律、法令、行政法规和由司法机关依照法律有关规定发布重要事项的公告。它可以分为法定专门事项公告和法院公告。

（3）公告的结构。公告分标题、正文和落款三部分。

①标题。公告的标题有三种形式。一是由发文机关名称、事项、文种组成；二是由发文机关名称和文种组成；三是只写出文种“公告”即可。

②正文。公告的正文一般包括因由、事项和结语三部分内容。

因由要求用简要的语言写出公告的依据、原因、目的。事项是公告的主体，要求明确写出公告的决定和要求。结语一般用“现予公告”“特此公告”等习惯用语，体现公告的庄重性、严肃性。

③落款。公告的落款要求写出发布机关的名称和年、月、日。如果机关名称已在标题中出现，在落款处也可不写，只写年、月、日。年、月、日，也可写在标题的下方、正文的上方。重要的公告落款处，除注明发文机关和日期外，还应标明发布地点。

（4）公告的使用要求。目前，公告的使用比较混乱，主要有两种情况。一是把公告当作启事、声明、广告用，望文生义，以为公告就是公开告知有关事项，如声明某业务与本单位无关、揭露有人冒充某报记者行骗；二是用公告代替通告，凡公布性事项，事无巨细都用公告，甚至街道告知居民领取物价补贴也用公告。使用公告必须以“公告适用于向国内外宣布重要事项或者法定事项”的有关规定来衡量，避免滥用。

（5）公告实例。

**中华人民共和国最高人民法院开庭公告**

本院定于×年×月×日上午8时30分，在本院第二法庭公开开庭审理再审申请人香港××企业有限公司与再审被申请人××市××房地产开发公司股权确认纠纷一案。

特此公告。

（盖章）

×年×月×日

### 9.2.3　通知

通知使用范围的广泛性，带来了通知内容、结构形式与写作方法的多样性。

#### 1. 通知的分类

从内容上划分，通知有指挥性通知和知照性通知。其中，指挥性通知又可划分为批示性通知、指示性通知、法规性通知、政策性通知、贯彻性通知；知照性通知又可划分为颁布性通知、任免通知、一般性通知、会议通知。

从写作方法、结构和要求上划分，通知可分为简单的通知和复杂的通知等。

#### 2. 通知的写法

通知由标题、主送机关名称、正文、发文机关署名、成文日期、印发传达范围组成。其中，正文一般有开头部分与主体部分；印发传达范围根据传达贯彻的需要标注。其他格式要素，按有关规定和工作需要标注。

（1）标题。由发文机关名称、被批转的公文标题与“通知”组成。例如，《×××（发文机关名称）关于批转（或转发）××××× 规定（或意见、报告等）的通知》。行政机关的批示性通知的标题中，批转、转发的公文除法规性公文外，不用书名号。

（2）主送机关名称。名称要清晰、明确，不能产生歧义。

（3）正文。有两种写法。从结构上而言，段落不同，其写作方法亦不同。

①只有一个自然段的。结构比较简单，内容包括被批转或转发的公文标题、批准机关、对贯彻执行的要求三个部分。其中，贯彻执行的要求，必须根据公文的具体情况确定。比如，批转需要下级机关认真贯彻执行的公文，没有讨论的余地，则采用明确的、肯定的语言，准确地阐明态度与要求；对于新的探索性的工作，上级机关提出工作的指导方针、原则与宏观要求，则要求下级机关结合本地本单位的实际贯彻执行。例如，“《××××× 报告》已经 ××× 同意，现转发给你们，请认真贯彻执行。”

②有两个或两个以上自然段的。除第一个自然段与上述写法相同外，还要根据实际情况写明具体的指示性意见，包括对某工作的定性、做好某工作的意义和对贯彻执行的要求等，以提高下级机关对某项工作重要性的认识，达到统一思想的目的，并能在实际工作中抓落实。

（4）发文机关名称和成文日期标注在正文之后。对传达贯彻另有要求的，在印发传达范围处予以说明。

### 3. 通知实例

**国务院办公厅关于××××年部分节假日安排的通知**

国办〔××××〕××号

各省、自治区、直辖市人民政府，国务院各部委、各直属机构：

根据《国务院关于修改〈全国年节及纪念日放假办法〉的决定》，为便于各地区、各部门及早合理安排节假日旅游、交通运输、生产经营等有关工作，经国务院批准，现将××××年元旦、春节、清明节、劳动节、端午节、中秋节和国庆节放假调休日期的具体安排通知如下。

…………

节假日期间，各地区、各部门要妥善安排好值班和安全、保卫等工作，遇有重大突发事件发生，要按规定及时报告并妥善处置，确保人民群众祥和平安度过节日假期。

国务院办公厅

×年×月×日

## 9.2.4 通报

### 1. 通报的概念及种类

（1）通报的概念。通报适用于表彰先进、批评错误、传达重要精神或者情况。通报属下行公文。

（2）通报的种类。根据用途，通报可分为以下三种。

①表彰性通报。主要用来表彰先进，介绍单位或个人成功的经验、做法，以学习先进，见贤思齐，改进与推动工作。

②批评性通报。用来批评后进，纠正错误，打击歪风，指出有关单位或个人存在的错误事实，提出解决办法或处理意见。

③传达性通报。用于传达上级重要精神与重要情况，引起人们的警觉与注意，对当前的工作起指导作用。

### 2. 通报的结构与写法

（1）标题。通报的标题通常由发文机关、事由和文种三个要素构成。有时可省略发文机关和事由，只写“通报”二字，但比较重要的通报则不能省略。

通报的签署和时间也可以在标题下方，这样则不再落款；通报也可以有抬头、落款，时间则写在发文机关下面。

（2）正文。不同类型的通报，其正文有不同的写法。

①表彰性通报正文的一般写法。

首先，叙述先进事迹，包括时间、地点、人物、事迹、怎么做、结果。

其次，对上述事件进行分析、评议，指出其典型意义，或概括其主要经验。语言要简明概括。

最后，提出表彰或发出号召。如果是转发式的表彰通报，正文部分先对下级机关所发的这个材料进行评价，加上批语，即对被表彰者进行评议等，再发出号召或提出要求。

②批评性通报正文的一般写法。

首先，说明通报缘由，即将事故或错误事实的经过情况、时间、地点、事故、后果等交代清楚。

其次，对事故进行分析评议，重点分析事故发生的原因，指出事故的性质及其危害，并提出处分决定。

最后，写明防止此类事故的措施，要对症下药，提出告诫，或重申某一方面的纪律。

③传达性通报正文的一般写法。

传达性通报的正文，关键在于对情况的掌握要确实、全面、充分。它的正文包括以下三点：叙述情况；分析情况，阐明意义；提出指导性意见。

（3）通报的写作要求。写通报应注意以下三点。

①注意时效性。发通报要抓住时机，及时将先进典型和经验向社会宣传推广；对反面典型予以揭露，引起警诫；或对某些重大事项和重要情况，及时予以通报，以起到交流情况、信息，指导工作的作用。错过发文时机的通报，就失去了它的时效性，没有行文的意义了。

②注意指导性。不能事无巨细都发通报，要选择对工作有普遍指导意义的事项来发通报。通报要有普遍的指导意义，就应选择典型。先进的典型要能反映事物的本质特征，能揭示时代的本质，体现时代的精神。反面的典型，应有一定的代表性，能体现警诫的作用。所以，只有选准、选好典型，通报才能起到激励教育、推动工作和批评警诫的作用。

③注意真实性。通报中所涉及的事例，必须是客观存在的，经过反复调查、认为是真实可靠的，绝不允许捏造和虚构。同时，叙述事例要准确，不能夸大或缩小，要实事求是。通报在结尾提出的希望和号召，也必须切合实际，有一定的针对性，使读者能接受或受到启示。

### 3. 通报范文

**学校通报表扬**

× 年 × 月 × 日上午 10 点，×× 学院 202× 级 × 班 ××、××、×× 三位同学在食堂附近捡到现金 400 元整。因没有任何证件可证明失主的身份，三人及时将现金交于校学生处，以便通过校方尽快将钱物归原主。这三位同学的行为充分体现出当代中职生的优秀精神风貌。

经学院研究决定，现对 ××、××、×× 三位同学提出全院通报表扬，希望大家学习他们拾金不昧的精神。

×× 职业学院

× 年 × 月 × 日

## 9.2.5 报告、请示

### 1. 报告

（1）报告的概念。报告是向上级机关汇报工作、反映情况，回复上级机关的询问时使用的一种上行公文。

《国家行政机关公文处理办法》规定：“报告适用于向上级机关汇报工作，反映情况，答复上级机关的询问。”报告是下级机关呈送上级机关的上行文种，中下级机关特别是基层单位和部门常会用到这一文种。

（2）报告的分类。报告按内容可分五类：工作报告、情况报告、答复报告、建议报告和报送报告。

①工作报告是指汇报工作的报告。

②情况报告是指用来向上级反映本单位重大情况的报告。

③答复报告是指答复上级询问事项的报告。

④建议报告是指汇报或提出工作建议、措施的报告。

⑤报送报告是指向上级机关报送物件、材料的报告。

（3）报告的特点，表现在以下三个方面。

①内容的真实性。报告所反映的情况只能是本单位在工作实践中碰到的情况或问题。答复上级机关的询问也只能依据本单位的实际情况，内容必须真实，不能弄虚作假。

②概括的陈述性。报告的表达方式是陈述性的，即以叙述和说明为主。然而，它

的叙述和说明必须是概括性的，只要求做粗线条的勾勒，不能详述事件或工作的过程，更不要铺排大量的细节。即便运用议论，也多限于夹叙夹议。

③选材的灵活性。报告选材的自由度很大，写什么、不写什么，选择权掌握在发文单位手里。了解了这个特点，发文单位就可以根据实践挑选最有特色、最有价值、最有新意的题材和材料来写。当然，答复报告必须按上级的要求，实事求是地写。

（4）报告的写作技巧。报告一般由标题、主送机关、正文、落款四个部分构成。下面介绍不同类型报告正文的写法。

①工作报告。工作报告正文围绕主旨展开陈述，内容一般包括基本情况、主要成绩、经验教训、今后意见或提出有关建议等几个部分。不同类型的工作报告，汇报的侧重点有所不同。如果内容较多，应分条列项写，或分若干部分写，但各条项、各部分之间要有逻辑关系，避免无序交叉。

基本情况可简要交代时间、背景和工作条件；主要成绩应把工作的过程、措施、结果和成绩叙述清楚；经验体会主要是指对工作实践的理性认识，要从实际工作中概括出规律性的东西来，以便指导今后的工作；存在问题，要写出工作中的缺点与不足；基本教训是指工作失误的原因和值得吸取的教训；今后意见是指改进工作的意见，或者提出今后开展工作的建议。不同类型的工作报告，在这些内容上各有不同的侧重点。

②情况报告。情况报告正文围绕主旨，实事求是地概括叙述事件发生的原因、经过、性质。同时，要写出处理意见、处理情况或处理建议。

情况报告常用于向上级汇报下列事项。

其一，严重的灾害、事故、案情、敌情。

其二，重要的社情、民情。如社会生活中的新动态和上级某项有关国计民生的新政策、新规定的贯彻执行情况及群众的反映等。

其三，督促办理或检查某项工作的情况。如财务、税收、物价、质量、安全、卫生等项工作的检查结果。

其四，举办重大活动、召开重要会议的基本情况，各级各类代表会议的选举结果等。

其五，对某项工作失误和产生问题的检讨与反思。

其六，其他重要的、特殊的、突出的新情况。

情况报告写法不强求一致，但要力求做到：内容集中、单一，突出重点，抓住事物本质，实事求是地反映情况；把情况和问题讲清楚，把事情的经过、原委、结果、性质写明白；提出处理意见和建议，要写得具体、明确、简要，尤其要注意提出意见、建议的角度，不能在报告中夹带请示事项；理顺文章的思路和结构，无论是纵式结构还是横式结构，都要脉络清楚，层次分明；写作要及时，以便让上级机关和有关领导尽快了解重大、特殊、突发的种种新情况。

③答复报告。答复报告正文包括答复依据和答复事项两部分内容。答复依据是指上级要求回答的问题，要写得十分简要，有时一两句话即可。答复事项是指针对所提问题答复的意见或处理结果，既要写得周全，也要注意不要节外生枝，答非所问。

④建议报告。建议报告正文可分为情况分析和意见措施两部分。情况分析部分或者介绍情况，分析问题；或者肯定成绩，指出不足，总结经验教训；或者说明提出意见、建议的目的、原因和依据。这部分一般写得比较简明扼要，其后常以“特提出如下意见（或建议）”“拟采取如下措施”等语领起下文。意见措施部分是在前一部分的基础上，切合实际地提出做好某项工作的意见、措施、建议。这是建议报告的重点部分，也是建议报告在写法上有别于情况报告和工作报告的地方。意见措施部分往往采取条文式的写法，要求写得脉络清楚，逻辑严谨，主次分明。

有些建议报告需上级机关批转，有些只对上级机关的某项工作、某一征求意见的文稿等提出看法、建议，不需要上级表态或批转。

（5）报告实例。

**湖北省人防办关于报送**

**20×× 年保密自查自评工作情况的报告**

省委保密委员会：

根据省委保密办、省国家保密局《关于组织开展20××年度机关、单位保密自查自评工作的通知》（吉保局发〔20××〕1号）要求，办党组高度重视，及时组织传达，要求省办保密委员会提高认识、精心准备，认真做好自查自评和迎接验收工作，明确了时间节点和责任人。现将自查自评有关情况报告如下。

一、切实加强对保密工作的组织领导

略

二、不断强化保密工作宣传教育

略

三、规范程序管理，确保保密制度落到实处

略

四、下步打算

略

湖北省人防办

20××年×月×日

### 2. 请示

（1）请示的概念。请示是下级机关请求上级机关对某项工作给予指示或批准时所使用的公文。

请求上级机关给予指示的“请示”，应在遇到现有的方针、政策及法规、规定所不曾涉及的新情况、新问题，或政策界限难以把握时使用。请求上级机关予以批准的“请示”，应在遇到超越本机关的职权范围，或本机关有关人员对其看法、意见不完全一致的问题时使用。另外，某些业务主管部门就带有普遍意义的问题提出看法，希望领导机关将其批转有关单位时，也可以使用“请示”。

（2）请示的写法。请示包括标题、主送机关、正文、落款四个部分。

①标题。请示的标题由发文机关、事由和文种三部分组成。发文机关有时可以省略，如《关于丹霞山风景名胜区列为国家重点风景名胜区的请示》。要注意，不能将请示写成报告或请示报告；标题中尽量不要出现“申请”“请求”之类的词语，并且事由要明确，语言要简明。

②主送机关。“请示”的主送机关只能写一个，机关名称要顶格书写。

③正文。请示的正文包括请示缘由、请示事项、结束语三个部分。

请示缘由实际上就是提出请示事项和要求的理由、背景及依据，它是写作请示的关键，直接关系到上级机关审批请示的态度。这部分内容既要实事求是，有理有据，说明充分，又要条理清楚，开门见山。如果缘由比较复杂，还必须写明必要的事实和数据，不能为追求简要而做简单化处理；要让领导知晓，批准或不批准这个请示，将分别会出现什么局面。

请示事项要具体，要实事求是地写清拟请上级给予指示、批准的具体内容和要求，所提的要求要符合国家法律法规，符合实际，并具有可行性和可操作性。如果内容比较复杂，则要分条列项。写作时语气要得体，用语要明确，不能含糊其词。

在结束语中，为了使请示的事项得到答复，发文机关一定要提出要求。常用“以上意见当否，请批示”“妥否，请批复”“以上请示，请予审批”等习惯用语为结束语。虽然是很简单的一句话，却是必不可少的。

④落款。落款包括发文机关、发文日期和印章三部分内容。

（3）请示实例。

**海南省教育厅关于印发免除普通高中**
**建档立卡家庭经济困难学生学杂费实施方案的请示**

琼财教 [20××]1835 号

省政府:

经国务院同意，财政部、教育部联合印发《关于免除普通高中建档立卡家庭经济困难学生学杂费的意见》（财教 [20××]292 号），从 20×× 年秋季学期起，免除普通高中建档立卡家庭经济困难学生学杂费。中共海南省委、海南省人民政府《关于加强和改进新形势下民族工作的意见》（琼发 [20××]4 号）中提出，自 20×× 年起，对家庭经济困难的普通高中教育少数民族学生实施“三免一补”政策。为贯彻落实国家及省委、省政府上述要求，做好免除普通高中建档立卡家庭经济困难学生学杂费等有关工作，我们起草了《关于免除普通高中建档立卡家庭经济困难学生学杂费的实施方案》，现将有关事项请示如下。

一、免费政策主要内容

略

二、财政补助方式及资金分担机制

略

三、资金需求

略

附件：1. 关于免除普通高中建档立卡家庭经济困难学生学杂费的实施方案

2. 免除普通高中建档立卡家庭经济困难学生学杂费资金测算表

3. 关于免除普通高中建档立卡家庭经济困难学生学杂费的说明

海南省财政厅海南省教育厅

× 年 × 月 × 日

## 9.2.6 批复

### 1. 批复概述

根据国家行政机关公文处理办法规定，批复“适用于答复下级机关的请示事项”。下级机关用请示向上级机关行文，上级机关即须以批复做出相应的答复。以批复的形式答复的请示事项，一般是比较重要但涉及面不是很广的事项。

（1）批复的特点，表现在以下三个方面。

①被动性。批复依赖下级机关的请示而被动行文。先有请示，后有批复。任何一份批复都是针对请示而做出的。

②针对性。批复的内容具有很强的针对性，主要体现在两个方面。一是批复的内容必须紧扣请示的内容，请示什么就批复什么；二是批复的主送机关是请示的下级机关，即是谁请示就给谁批复，涉及的有关单位必要时可以抄送，但范围必须有一定限制。

③权威性批复是上级机关领导意图和领导权威的具体体现。批复对下级机关具有行政约束力。有了批复，下级机关便可明确能否得到上级机关的支持和帮助。

（2）批复的种类。根据内容，批复可分为三类：请求指示性批复、请求批准性批复和请求支持、帮助性批复。

①请求指示性批复是对下级机关领会不准或不甚了解的国家的有关方针、政策或上级机关的有关规定、决定做出的解释性、指示性的答复。

②请求批准性批复是对下级机关请求办理或请求处理的事项表明态度的答复。

③请求支持、帮助性批复是针对下级机关在遇到难以解决或无力克服的困难时提出请求支持或帮助的请示所做的答复。

### 2. 批复的结构及写法

批复对语言的准确性、明晰性要求甚高，篇幅比较简短，一般由标题、主送机关、正文和落款四部分组成。

（1）标题。批复的标题通常有以下几种写法。

①由发文机关、批复事项、行文对象和文种构成。如《国务院办公厅关于深圳特区私人建房问题给广东省人民政府办公厅并福建省人民政府办公厅的批复》。

②由发文机关、事由和文种构成。如《广东省人民政府关于同意成立韶关市人民对外友好协会的批复》。

③由上级机关态度、事由和文种构成。如《关于同意人文社科系举办秘书训练班的批复》。

④由发文机关、请示标题和文种构成。如《×× 市人民政府对（关于处理沿江路 3 号商业大厦失火事故的请示）的批复》。

⑤由事由和文种构成。如《关于同意 ×××× 学院人文社科系举办校外 ×× 班的批复》。

（2）主送机关。主送机关是指与批复相对应的请示的发文机关。

（3）正文。批复的正文一般由批复引语、批复内容和批复结语三部分组成。

①批复引语。一般先引请示标题，引述来文是为了说明批复根据，点出批复对象，使请示机关一看批复的开头就明白是因何事而做的批复，但要注意尽量避免批复引语和批复标题重复；再引发文字号。发文字号应加圆括号。如“你公司《关于……的请示》（××[20××]×号）收悉”。

②批复内容。针对请示中提出的问题给予明确具体的答复，对不同意的事项，应说明理由。有的批复在表明态度之后，还可以提出具体要求。

一般而言，对常规事项、例行工作的批复，特别是同意有关请示的批复，不必阐述批复理由，表明同意态度即可。如果完全同意，就写上肯定性意见。一般要求复述原请示主要内容后才表态，不能只笼统写上“同意你们的意见”。这样的批复是考虑到不与受文单位请示的具体内容脱节。如果有的同意、有的不同意，就要写明同意的内容及不同意的理由。若不同意请示事项，或对下级机关要求的支持和帮助难以满足，则除在批复中表明态度外，一般还需要适当说明理由，以使对方能较好地接受，并及时做出相应的工作安排。

③批复结语。常用“此复”“特此批复”等用语结尾。

（4）落款。落款包括发文机关、发文日期和印章三部分内容。

### 3. 批复的写作要求

（1）要注意针对性。由于批复具有很强的专向性。因此，批复的内容应紧紧扣住来文中请示的问题，给予指示或表明态度。答复问题要全面，不能只对部分请示事项做出答复，而对其他部分不作表态。也就是说，要注意其针对性。

（2）要有鲜明的态度。上级机关的批复，无论是解释政策，还是审批事项，是同意，是不同意，还是部分同意，或是暂时不议，都要旗帜鲜明地表示态度，以便于下级机关有所遵循，据此开展工作。

（3）要有充分的理由。批复，无论是对有关政策做出解释，还是对求批事项表明态度，都要有充分的理由。所谓充分的理由，既可以是现行的方针、政策、法律、法规，也可以是客观条件、现实状况。

（4）要及时行文。领导机关应急下属机关之所急，接到请示之后，就要及时研究，及时批复，做到及时行文。

### 4. 批复实例

**国务院关于同意将河北省蔚县列为国家历史文化名城的批复**

国函〔20××〕70号

河北省人民政府：

你省关于申报蔚县为国家历史文化名城的请示收悉。现批复如下。

一、同意将蔚县列为国家历史文化名城。蔚县历史悠久，古城形制独特，风貌保存较好，文化遗存丰富多样，古代建筑数量众多，具有重要的历史文化价值。

二、你省、张家口市及蔚县人民政府要根据本批复精神，按照《历史文化名城名镇名村保护条例》的要求，加强文物保护利用和文化遗产保护传承，正确处理城市建设与保护历史文化遗产的关系，深入研究发掘历史文化遗产的内涵与价值，明确保护的原则和重点。编制好历史文化名城保护规划，并将其纳入城市总体规划，划定历史文化街区、文物保护单位、历史建筑的保护范围及建设控制地带，制定并严格实施相关保护措施。在历史文化名城保护规划的指导下，编制好重要保护地段的详细规划。在规划和建设中，要重视保护城市格局，注重城区环境整治和历史建筑修缮，不得进行任何与名城环境和风貌不相协调的建设活动。

三、你省和住房城乡建设部、国家文物局要加强对蔚县国家历史文化名城规划、保护工作的指导、监督和检查。

国务院

×年×月×日

## 9.2.7 函

### 1. 函的概念

函是不相隶属机关之间商洽工作、询问和答复问题，请求批准和答复审批事项时所使用的公文。函是一种平行文，不能用于上下级机关。

### 2. 函的分类

函的分类方法很多。从函所起的作用来看，可分为以下几种。

（1）告知函。即把某一事项、活动函告对方，或请对方参加（如会议、集体活动）。这种函的作用和内容类似通知，只是由于双方不是上下级和业务指导关系，使用“通知”行文不妥，故应该用“函”。

（2）商洽函。主要用于请求协助、支持、商洽解决办理某一问题。比如，干部商调函、联系参观学习函、要求赔偿函等。

（3）询问函。主要用于询问某一事项、征求意见、催交货物等。

（4）答复函。主要答复不相隶属机关询问相关方针、政策等问题而不能用批复时使用。

（5）请求批准函。主要是指向有关机关、部门请求批准时使用。如果是下级机关向上级机关请求批准，只能用请示，而不能用函。

### 3. 函的结构和写法

函由标题、主送机关、正文、具名和日期等部分组成。

（1）标题。有三种写法：一是完整式标题，由发函机关、事由和文种组成，如《×× 部关于选择出国人员的函》；二是由发函机关、事由、受理机关和文种组成，如《国务院办公厅关于悬挂国旗等问题给湖北省人民政府办公厅的复函》；三是由事由和文种组成，如《关于订购〈基础写作学〉的函》。

（2）主送机关。即收函单位名称，要写全称。

（3）正文。根据去函、复函的不同，其写法也有区别。

①去函。主要用于与有关单位商洽工作，询问有关问题或向有关部门请求批准等，其行文是主动的。这种函一般包括缘由、事项和结尾三个部分。缘由部分一般须把所商洽的工作、询问的问题或请求批准的事项具体写清楚。如果内容较多，要采用分条的写法，使之条理分明。结尾只需写出“请研究函复”“请函复”“盼复”或“以上意见当否，请复函”等语即可。

②复函。用于答复商洽、询问的问题或批准有关单位的请求事项。这种函的行文一般是被动的，具有很强的针对性。复函的正文包括缘由、答复、结尾三部分。缘由部分要针对来函写收函情况，然后用“经研究，函复如下”过渡到下文。答复部分是复函的主题，要根据来函的内容做出具体的答复。答复时一定要注意分寸，不得违背政策规定。结尾可写上“此复”或“特此函复”，也有的不写。

### 4. 函的特点

（1）平等性和沟通性。函主要用于不相隶属机关之间互相商洽工作、询问和答复问题，体现着双方平等沟通的关系，这是其他上行文和下行文所不具备的特点。即使是向有关主管部门请求批准，在双方不是隶属关系的时候，也不能使用请示和批复，只能用函，并且措辞、口气也跟请示和批复大不相同，要体现平等性和沟通性的特点。

（2）灵活性和广泛性。函对发文机关的资格要求很宽松，高层机关、基层单位，党政机关、社会团体、企事业单位，均可发函。函的内容和格式也比较灵活，而且不限于平行文，所以运用得十分广泛。

（3）单一性和实用性。函的内容必须单一，一份函只能写一件事项。函不需要在原则、意义上进行过多的阐述，重务实。

### 5. 函的写作要求

（1）针对性。函有鲜明的针对性，主要表现在：紧紧围绕函中所提出的问题和公务事项来写；往来机关应当与函中提出的问题和公务事项相称，也就是说，函中提出的问题和公务事项应该是函往来机关有可能解决的；除特殊情况外，应坚持一函一事。

（2）分寸感。函的用语，力求平和礼貌，忌讳命令语气。但是也不能为了谋求问题解决，极尽恭维逢迎之能事。

（3）开门见山。无论是来函还是复函，在写作中都应该开门见山，尽快接触主题。力戒漫无边际，故意绕弯子；忌讳那些不必要的客套，尽量少讲空泛抽象的大道理。

### 6. 函的实例

**赴贵校参观考察的函**

××人民警察培训学校：

多年来，贵校在民警培训方面取得了显著成效，建立起一套行之有效的培训教学与管理模式，在全国中等专业人民警察培训学校负有盛名。×年7月，我校主要领导和××市公安局有关领导曾经专程赴贵校就民警培训工作进行参观考察。通过考察学习，我校拓宽了办学思路，提高了培训教学与管理水平。为了进一步搞好我校的民警培训工作，吸收借鉴兄弟院校的先进经验，经校党委研究决定并报市公安局主要领导批准，我校校长、市公安局政治部副主任霍××同志定于10月22日带领中层干部和骨干教师一行25人，专程赴贵校进行参观学习，重点考察校容校貌、培训教学与管理工作流程以及各项培训硬件设施，恳请贵校在参观考察时予以接待并盼函复（参观期间，我校人员食宿自理）。

我校诚恳邀请贵校领导在方便时来我校参观考察。

联系人：×××

校党委委员、办公室主任

电话：185××××××××

## 9.2.8 会议纪要

### 1. 会议纪要的概念

会议纪要是记载和传达会议情况和议定事项使用的一种行政公文。

会议议定事项是一个单位开展工作的依据。上级会议纪要精神，也可供下级单位、其他系统参考。

### 2. 会议纪要的特点

（1）综合性。会议纪要是在对会议中各种材料、与会人员的发言以及会议简报等综合分析和概括提炼基础上形成的，它具有整理和提要的基本特点。

（2）指导性。一是会议本身的权威性；二是会议纪要集中反映了会议的主要精神和决定事项。因而，纪要一经下发，将对有关单位和人员产生约束力，起着类似于指示、决定或决议等指挥性公文的作用。会议纪要还可以作为与会同志向单位领导汇报、向群众传达的文字依据。

（3）备考性。一些会议纪要主要是用于贯彻执行，也用于向上汇报或向下通报，必要时可作查阅之用。

### 3. 会议纪要的格式

会议纪要一般包括标题、正文、形成时间。

（1）标题。一般由会议名称加文种组成，如《全国农村工作会议纪要》。有些印刷交流的会议纪要，由正、副标题组成。正标题阐述会议主要精神，副标题交代会议名称、范围和文种，如《某高校规划应服务于国家和地方经济建设与社会发展——××××年全国高校规划工作研讨会会议纪要》。

（2）正文。纪要的正文包括会议的基本情况、会议的主要精神、结尾三部分。

①会议的基本情况。简要介绍会议召开的目的和指导思想、会议的时间和地点、会议名称、主持单位、与会代表、主要议程、讨论的主要问题、会议达到的效果等。

②会议的主要精神。这是纪要的主体，要写出会议研究的问题、讨论的意见、作出的决定、提出的任务、确定的措施等，这是与会单位会后贯彻的依据。常见的写法：一是概括会议对成绩的认定和对问题的看法，这些内容不必写得很细，但要重点突出。二是针对当前的具体工作和面临的新问题，会议做出了什么样的举措，这是纪要的重点，这部分要详写，这是今后工作贯彻的依据。

③结尾。一般提出号召，要求贯彻会议精神，完成会议提出的工作任务。

（3）日期。日期可写在正文之后，也可以写在标题之下。纪要有专门的记录纸，不需要署名与加盖印章。

### 4. 会议纪要的三种写法

根据会议性质、规模、议题等不同，会议纪要大致有以下三种写法。

（1）集中概述法。这种写法是把会议的基本情况，讨论研究的主要问题，与会人员的认识、议定的有关事项（包括解决问题的措施、办法和要求等），用概括叙述的方法，进行整体的阐述和说明。这种写法多用于召开小型会议，而且讨论的问题比较集中单一，意见比较统一，容易贯彻操作，篇幅相对短小。如果会议的议题较多，可分条列述。

（2）分项叙述法。对于大中型会议或议题较多的会议，会议纪要一般要采取分项叙述的办法，即把会议的主要内容分成几个大的问题，分项来写。这种写法侧重于横向分析阐述，内容相对全面，问题也说得比较细，常常包括对目的、意义、现状的分析，以及对目标、任务、政策措施等的阐述。这种纪要一般用于需要基层全面领会、深入贯彻的会议。

（3）发言提要法。这种写法是把会上具有典型性、代表性的发言加以整理，提炼出内容要点和精神实质，然后按照发言顺序或不同内容，分别加以阐述说明。这种写法能比较如实地反映与会人员的意见。某些根据上级机关布置，需要了解与会人员不同意见的会议纪要，可采用这种写法。

5. 会议纪要实例

**××学院第×次办公会议纪要**

时间：×年×月×日×时×分

地点：第一会议室

出席人：张××（院长）、吴×（副院长）、黄××（办公室主任）……

缺席人：……

主持人：张××（院长）

记录人：谢××（办公室秘书）

会议议程：

1. 报告……

2. 讨论……

3. 决议……

4. 会议决定，要规范学生的技能鉴定工作。重申学生毕业之前须取得中级以上技能证书，才能发给毕业证书。由产业园设计中心（考工站）具体组织学生的报名、培训和考核工作。

5. 会议决定，要加强对外交流和学习。争取利用暑假期间，组织教工到境外考察学习。

6. 针对今年的招生工作，会议决定召开一次专题会议，统筹解决今年招生中的重要问题。

**知识链接**

**会议记录和会议纪要的区别**

两者的区别主要表现在两个方面。第一，性质不同。会议记录是讨论发言的实录，属事务文书；会议纪要只记要点，是法定行政公文。第二，功能不同。会议记录一般不公开，无须传达或传阅，只作资料存档；会议纪要通常要在一定范围内传达或传阅，要求贯彻执行。

## 9.2.9 公报

### 1. 公报的概念

公报是党政机关和人民团体公开发布重要决定或重大事项的报道性公文。公报具有较强的新闻性，有时还称新闻公报。

### 2. 公报的特点

（1）重要性。公报的发布机关级别高，多以中央或国家的名义发布。公报所涉及的内容，是党内外、国内外普遍关心和瞩目的重大事件或重要决定。

（2）公开性。公报是公开发布的文件，可以向海内外发布。

（3）新闻性。公报的内容都是新近发生的事件或新近作出的决定，属于人民群众普遍关心的问题，要求发布迅速、及时，具有新闻性特点。

### 3. 公报的分类

（1）会议公报，是用以报道重要会议或会谈的决定和情况的公报。这种公报一般用于党中央召开的会议，如《×× 届中央纪委 × 次全会公报》。

（2）事项公报，是党的高级领导机关用以发布重大情况、重要事件的文件。高层行政机关、部门向人民群众公布重大决策、重要事项或重大措施时有时也沿用此类公报，如《中华人民共和国国务院公报（× 年第 × 号）》。

（3）联合公报，用以发布国家之间、政党之间、团体之间经过会议达成的某种协议，如《中俄联合公报》。这是一种特殊用途的公报。

### 4. 公报的格式和写作方法

公报一般由标题、发布时间、正文、落款四个部分组成。

（1）标题。公报的标题常见的有三种形式。一种是直写文种《新闻公报》；第二种是由会议名称加文种构成；第三种是全称标题，由发表公报的机关加事由再加文种构成，如《中欧领导人第 × 次会晤联合新闻公报》。

（2）发布时间。用括号在标题之下正中位置，注明公报发布的年、月、日。

（3）正文。正文包括开头、主体两部分。

①开头。开头即前言部分。事项公报开头概述何时、何地、发生的什么重大事件；会议公报开头概述会议的名称、时间、地点、参加人员等；联合公报开头概述公报的来由，即在何时、何地、谁与谁举行了什么会谈或谁对谁进行了什么性质的访问等。

②主体。主体是公报的核心内容，常见的写法有三种。第一种是分段式，即每段说明一层意思或一项决定；第二种是序号式，多用于内容复杂、问题头绪较多的公报；第三种是条款式，多用于联合公报。

（4）落款。事项公报和会议公报一般没有落款；联合公报要在正文之后，注明双方签署人的身份、姓名，年、月、日，并写明签署地点。

### 5. 公报实例

**中国共产党第二十届中央纪律检查委员会第三次全体会议公报**

（2024年1月10日中国共产党第二十届中央纪律检查委员会第三次全体会议通过）

中国共产党第二十届中央纪律检查委员会第三次全体会议，于2024年1月8日至10日在北京举行。出席这次全会的有中央纪委委员132人，列席238人。

中共中央总书记、国家主席、中央军委主席习近平出席全会并发表重要讲话。李强、赵乐际、王沪宁、蔡奇、丁薛祥、李希等党和国家领导人出席会议。

全会由中央纪律检查委员会常务委员会主持。全会深入学习贯彻习近平新时代中国特色社会主义思想，全面贯彻落实党的二十大和二十届二中全会精神，回顾2023年纪检监察工作，部署2024年任务，审议通过了李希同志代表中央纪委常委会所作的《深入学习贯彻习近平总书记关于党的自我革命的重要思想，纵深推进新征程纪检监察工作高质量发展》工作报告。

全会认真学习、深刻领会习近平总书记重要讲话。一致认为，讲话从统筹中华民族伟大复兴战略全局和世界百年未有之大变局的高度，深刻阐述党的自我革命的重要思想，科学回答关于党的自我革命的三个重大问题，明确提出推进自我革命“九个以”的实践要求，对持续发力、纵深推进反腐败斗争作出战略部署，对纪检监察干部队伍寄予殷切期望、提出明确要求，高瞻远瞩、视野宏阔、思想深邃、内涵丰富，充分彰显了我们党自我净化、自我完善、自我革新、自我提高的高度自觉。习近平总书记关于党的自我革命的重要思想凝结了新时代全面从严治党丰富实践经验和重要理论成果，凝聚了全党高度共识，为新时代新征程深入推进全面从严治党、党风廉政建设和反腐败斗争提供了根本遵循，为做好新征程纪检监察工作提供了强大思想武器和科学行动指南。一致表示，将深入学习领悟、坚决贯彻落实习近平总书记重要讲话精神，提高政治站位，增强政治自觉，切实把思想和行动统一到习近平总书记关于党的自我革命的重要思想上来，在新征程上忠实履职尽责，为开创党的自我革命新局面作出不懈努力。

…………

## 知识链接

### 公报与公告的区别

公报与公告都是领导机关用来向国内外公开宣布、告知某一重要事项的文种，都是非常庄重、严肃的文种，但有区别。

（1）适用范围不同。公告是行政机关的常用文种之一，党的机关一般不用；公报则党委机关和行政机关都可以用。

（2）内容详略不同。公告多用于宣布重大消息或法定事项，内容一般都很简要；公报用来发布重大事件或重要会议的决定事项，内容一般都比较详细具体。

## 知识拓展

### 决议与决定的异同辨析

1. 相同点

决议和决定同有一个“决”字，有决断、裁决之意，都是对重大事项或行动做出决策安排的指挥性下行公文。有以下几个相同点。

（1）文体性质相同。决议是党政机关对重要问题或重大事项进行决策部署时使用的领导指导性公文；决定是各级党政机关安排重要事项，或对重要问题、重大行动进行决策部署时，使用的具体规定性和领导指导性的公文。

（2）行文方向相同。决议与决定一样，都是公文种类中比较典型的下行公文。上级党政领导机关一旦对某些带有全局性的重要事项、重要问题做出处理或对一些重要工作、重大行动做出部署安排，就要及时迅速向下级发文，要求贯彻执行，起到领导、指导作用。

（3）写作模式相同。决议与决定的写作模式基本相同。标题拟写与其他公文一样，决议和会议通过的决定要在标题之下标明题注，即注明会议通过的时间、会议名称。标题之下正文之前，一般不写主送机关。其正文一般由缘由、事项和结语三部分构成，视内容多少采用篇段合一式、分条列项式、自然分段式、总分式等结构形式。

2. 不同点

（1）制作程序不同。决议必须产生于会议，它所要贯彻的决策事项，是会议集体讨论通过的；而决定则不然，有的也产生于会议，是会议集体讨论并按照法定程序表决的结果，也有的是由领导机关直接做出的。

（2）适用范围不同。决议比决定的适用范围窄一些。决议一般由会议讨论通过并要正式公布，而且决议涉及的事情一般是比较重大的；决定的适用范围比较宽泛，决定不限于会议通过的，也可以是某个单位、某个组织或者某个人确定的。决定所关涉的，可以是重大的事情，也可以是普通的事情。而且决定不一定公布，但可直接告知相关人员。

（3）写作要求不同。决议往往写得比较概括，原则性条文多，下级机关在贯彻执行时，多数还要根据决议制定相应的具体办法或实施措施；有些决议还要对事项本身的有关问题作若干必要的论述或说明，即作一些理论上的阐述。因此，决议常涉及事关全局、原则性强的重大问题，以指导为主，议论较多。而决定不多叙述理论，往往着重提出开展某项工作的步骤、措施、要求等。决定要求写得明确、具体一些，措施也更明确，行政约束力强，可以直接成为下级机关行动的准则。决定的语言表达要准确，文字要简明，不能出现分歧意见或认识上不一致的问题。

## 学习案例

关于成立××市×××党支部的请示

市社会组织党工委：

×××（社会组织规范名称）成立于×年×月，主要从事×××等工作业务（根据自身实际情况填写）现有从业人员（职工）×人，其中党员×人。

为加强党的领导和基层组织建设，依据《中国共产党章程》和社会组织建设党组织的有关要求，特申请成立中共×××（总）支部委员会，由×人组成，其中设党支部书记×人。（注：党员人数7人以下的，不设支部委员会，只设书记1人；7～50人的，支部委员由3～5人组成，其中设书记1人，必要时设副书记1人。）

当否，请批示。

×××社会组织党总支

×年×月×日

◆ 想一想

上述案例属于哪种公文？请简要评价。

◆ 案例分析

这是一篇请示。文章具备了请示的标题、主送机关、正文、落款等内容。正文写明了请示的详细内容及作用，也写明了党支部的成员结构。但是，党支部的成员名单没有以附件的形式附在最后，这是一个重大遗漏。

## 小结

公务文书是法定机关与组织在公务活动中，按照特定的体式、经过一定的处理程序形成和使用的书面材料，又称公务文件。无论从事专业工作，还是从事行政事务，都要学会通过公文来传达政令政策、处理公务，以保证协调各种关系、决定事务，使工作正确地、高效地进行。

我国公文有统一性的特点，它的格式、种类、行文规则、办理等都是全国统一的。一般按照中共中央办公厅、国务院办公厅印发的新的国家规范《党政机关公文格式》（GB/T 9704—2012）执行，此次修订于2012年7月1日正式生效。

（1）内容和程序的合法性。公文的具体内容和制定程序必须符合法律和有关规章的规定，否则无效。

（2）形式和格式上的规范性。

（3）公文语体的简明性，观点严谨、鲜明，文字朴实、庄重。

（4）对机关工作的依赖性。机关工作是公文形成的基础，公文是机关工作的专用工具。

公文除了文字文书之外，又有了电信文书（电报、电话记录）、声像文书（录音、录像）、图形文书（以图表为主，伴以简要文字说明）。

公文拟稿一般包括：标题、发文编号、主送机关、正文、机关印章、发文日期、附件、抄送单位、机密等级、缓急程度等。部分简单的公文可省略其中一些内容。其中，标题和正文是写作的重点。

## ◎ 单元小练

1. 填空题

（1）决议一般由 ________ 、 ________ 与 ________ 三部分组成。

（2）通报适用于 ________ 、批评错误、 ________ 。

2. 简答题

（1）简述公文的特点。

（2）批复按内容分，有哪些种类？请简要说明。

# 学习情境 10

# 其他常用应用文

## 情境导入

**关于大学生创业的调查报告**

…………

从调查问卷和现场人员访谈可以看出，大学生创业需要社会建立有效的导向机制、激励机制和帮扶机制。高校在大学生自我创业中发挥更多的作用和提供多方面的服务，包括创业指导、资金落实、客户联络、社会沟通等，尤其是提供比较规范、适用、系统的创业教育。高校应开展多种形式的创业教育，一方面是要培养大学生的创业意识、创业思维和创业观念；另一方面主要是就大学生创业所需要的各种创业技能进行全面培训，并最终使大学生具有一定的创业能力。

下面给大学生提出几点建议。

1. 树立全新的人才观，重视创业素质的自我培养……
2. 注意在思想上和精神上锤炼自己……
3. 广泛获取创业经验……
4. 注重自身能力的综合培养……
5. 通过各种渠道积极参加实践活动，培养自己的创业能力……

## 案例导航

这是一篇调查报告的结尾部分，给出了调查结论，并根据结论提出了合理的建议，符合调查报告的写作要求。调查报告建立在一系列调查分析的基础上，有助于总结经验、探索规律、解决问题等，是一种非常重要的应用文体。

**学习目标**

◎ 知识目标

了解实践报告与调查报告的相关知识。

掌握实践报告与调查报告的写法。

了解工作日志、个人简历的相关知识。

◎ 能力目标

能区分实践报告与调查报告。

掌握工作日志、个人简历的写法。

◎ 素质目标

提高自立自强的能力，树立职业理想。

**思政目标**

通过本情境的学习，促使学生树立美好职业理想，培养努力学习、自强不息的精神。

# 学习单元 10.1　实践报告与调查报告

## 10.1.1 实践报告

### 1. 实践报告撰写的内容与要求

一份完整的实践报告，应由以下四部分组成。

（1）报告题目。报告题目要简短明了，把实践活动的内容、特点概括出来。题目字数要适当，一般不宜超过20个字。

（2）学院及作者名称。学院名称和作者姓名应在题目下方注明，学院名称应用全称。

（3）正文。正文是实践报告的核心内容，是对实践活动的详细表述。这部分内容为作者所要论述的主要事实和观点，以及对实践活动中得到的结论的详细叙述。要能体现解放思想、实事求是、与时俱进的思想路线，有新观点、新思路；坚持理论联系实际，对实际工作有指导作用和借鉴作用，能提出建设性的意见和建议。

（4）结束语。结束语包含对整个实践活动进行归纳和综合而得到的收获和感悟，也可以包括实践过程中发现的问题，并提出相应的解决办法。

### 2. 撰写实践报告的准备与主要步骤

实践报告的写作过程，应包括以下步骤。各个步骤具体做法如下。

（1）收集资料。资料是撰写实践报告的基础。收集资料的途径主要有：通过实地调查、社会实践或实习等渠道获得；从校内外图书馆、资料室已有的资料中查找。

（2）拟订报告提纲。拟订报告提纲是作者动笔行文前，根据报告主题的需要拟订该文结构框架和体系。我们在起草报告提纲后，可请指导教师审阅修改。

（3）起草。报告提纲确定后，可以动手撰写实践报告的初稿。在起草时，应尽量做到“纲举目张、顺理成章、详略得当、井然有序”。

（4）修改、定稿。报告初稿写好后，需要改正草稿中的缺点或错误。要反复推敲修改后，才能定稿。

### 3. 实践报告范文

**寒假社会实践活动实践报告**

系别：×× 学院 ×× 专业

姓名：×××

班级：×× 级 ×× 班

学号：××××××

一、实践背景与目的

寒假期间，为了响应学校的号召，提高自身的社会实践能力，我参加了社会实践活动。通过此次实践，我期望能深入了解社会现实，增强社会责任感，提升个人综合素质。

二、实践过程与内容

在实践活动中，我选择了参与社区志愿服务工作。我所在的社区是一个老旧小区，居民以老年人为主。针对这一特点，我和其他志愿者一起为社区居民提供了以下服务。

1. 陪老人聊天，听他们讲述生活经历，为他们带去关心和温暖。

2. 协助社区工作人员进行环境卫生整治，清理垃圾，美化社区环境。

3. 开展防诈骗宣传活动，向居民普及防诈骗知识，增强他们的防范意识。

通过这些实践活动，我深刻体会到了社会的复杂性和多样性，也锻炼了自己的沟通能力和团队协作能力。

三、实践成果与收获

通过本次实践活动，我取得了以下收获。

1.增强了社会责任感和奉献精神，认识到自己作为大学生应该为社会做出贡献。

2.提高了自己的沟通能力和团队协作能力，学会了如何与不同年龄段、不同背景的人进行有效沟通。

3.深入了解了社区工作的实际情况和居民的需求，为今后的学习和工作积累了宝贵经验。

四、反思与展望

在回顾本次实践活动的过程中，我也发现了一些问题和不足之处。例如，在志愿服务过程中，有时缺乏耐心和细心，没有充分满足居民的需求。针对这些问题，我将在今后的实践中加以改进和提高。

展望未来，我将继续积极参与社会实践活动，不断提升自己的综合素质和能力水平。同时，我也希望能在未来的学习和工作中，将所学所得应用到实践中，为社会做出更大的贡献。

五、结语

总之，本次寒假社会实践活动是一次非常有意义的经历。通过此次实践，我不仅增强了社会责任感和奉献精神，还提高了自己的综合素质和能力。在今后的学习和生活中，我将继续努力，不断进步，为实现自己的人生价值而奋斗。

## 10.1.2 调查报告

### 1.调查报告的概念与特点

调查报告是对某项工作、某个事件、某个问题，经过深入细致的调查后，将调查中收集到的材料加以系统整理、分析研究，以书面形式向组织和领导汇报调查情况的一种文书。调查报告有以下几个特点。

（1）写实性。调查报告是在占有大量现实和历史资料的基础上，用叙述性的语言，实事求是地反映某一客观事物。充分了解实情和全面掌握真实可靠的素材，是写好调查报告的基础。

（2）针对性。调查报告一般有比较明确的意向，相关的调查取证都是针对和围绕某一综合性或是专题性问题展开的。所以，调查报告反映的问题集中而有深度。

（3）逻辑性。调查报告离不开确凿的事实，但又不是材料的机械堆砌，而是对核实无误的数据和事实进行严密的逻辑论证，探明事物发展变化的原因，预测事物发展变化的趋势，提示本质性和规律性的东西，得出科学的结论。

### 2. 调查报告的内涵和功能

（1）调查报告的内涵。调查报告是对社会和自然生活中的各种情况、问题进行深入调查，通过定性定量的分析、总结后，形成的书面报告。

（2）调查报告的功能。调查报告是实际工作中广泛使用的应用研究文体。它的功能，一是提供信息，交流情况，为上级决策提供依据；二是传播推广经验，借鉴吸取教训，促进工作顺利进行，提高工作效率；三是研究和发现现实中的重大问题，探索其中的本质和规律，提出解决问题的设想和建议。

### 3. 调查报告的结构

一般而言，调查报告的结构包括标题、导语、正文、结尾和落款。

（1）标题。调查报告的标题有单标题和双标题两类。所谓单标题，就是一个标题。其中又有公文式标题和文章式标题两种。公文式标题由“事由 + 文种”构成，如《×× 省农村中学语文教学情况的调查报告》。文章式标题，如《×× 市的校办企业》《调整教育政策，增加教育投入》。所谓双标题，就是两个标题，即一个正题、一个副题，如《为了造福子孙后代——×× 县封山育林调查报告》。

（2）导语。导语又称引言。它简洁明了地介绍有关调研的情况，或提出全文的引子，为正文写作做好铺垫。常见的导语有三种。①简介式导语，对调研的课题、对象、时间、地点、方式、经过等做简明的介绍。②概括式导语，对调查报告的内容（包括课题、对象、调研内容、调研结果和分析的结论等）做概括的说明。③交代式导语，对课题产生的由来做简明的介绍和说明。

（3）正文。正文部分需要对调研得来的事实和有关材料进行叙述，对所做出的分析、综合进行议论，对调研研究的结果和结论进行说明。正文的结构有不同的框架。

①根据逻辑关系安排材料的框架有：纵式结构、横式结构、纵横式结构。这三种结构中，纵横式结构常被人们采用。

②按照内容表达的层次组成的框架有：“情况—成果—问题—建议”式结构，多用于反映基本情况的调查报告；“成果—具体做法—经验”式结构，多用于介绍经验的调查报告；“问题—原因—意见或建议”式结构，多用于揭露问题的调查报告；“事件过程—事件性质结论—处理意见”式结构，多用于揭示案件是非的调查报告。

（4）结尾。结尾的功能是归纳前文，补充完善。典型经验的调查报告往往在结尾指出不足或有待改进提高之处；反映情况、揭露问题的调查报告在结尾提出建议；研究分析型调查报告结尾多用于总结全文，得出结论。不论采用何种形式，结尾都应是确有必要的，对全文是不可缺少的补充或完善，切不可无病呻吟，画蛇添足。如正文完结，内容已阐述清楚，全文应自然结束。

（5）落款。调查报告的落款要写明调研者，即单位名称和个人姓名，以及完稿时间。如果标题下面已注明调研者，则落款时可省略。

### 4. 调查报告范文

**当代中职生对网络社交媒体使用状况的调查报告**

引言

随着信息技术的迅猛发展，网络社交媒体已成为人们日常生活中不可或缺的一部分。特别是对于中职生这一年轻群体而言，网络社交媒体不仅是获取信息、交流思想的平台，也在很大程度上影响着他们的社交习惯和生活方式。本次调查旨在全面了解当代中职生对网络社交媒体的使用状况，分析其影响因素及可能带来的问题，为相关部门和中职学校制定合理的网络教育和管理策略提供参考。

一、调查方法与样本

本次调查采用问卷调查和访谈相结合的方式进行。问卷调查覆盖了全国范围内不同地区、不同年级、不同专业的 500 名中职生。同时，我们还对其中 10 名中职生进行了深入访谈，以获取更加详细的信息……

二、调查结果

1. 使用频率与时长

绝大多数中职生每天都会使用网络社交媒体。其中，超过 60% 的学生每天使用时长超过 2 小时。晚上和周末是中职生使用网络社交媒体的高峰期。

2. 主要用途

社交互动是中职生使用网络社交媒体的首要目的，包括与朋友保持联系、分享生活点滴等。获取信息和学习资源也是重要用途之一，如关注新闻动态、查找学习资料等。娱乐消遣同样占据一定比例，如观看视频、玩游戏等。

3.…………

三、分析讨论

根据调查结果，可以发现，网络社交媒体在中职生生活中扮演着重要角色。然而，过度使用或不当使用也会带来一系列问题。因此，中职学校和相关部门应加强对中职生网络社交媒体使用的引导和管理，提高中职生的网络素养和自律意识……

四、建议措施

1. 加强网络素养教育

中职学校应将网络素养教育纳入课程体系，培养中职生正确的网络价值观和使用习惯；开展丰富多彩的校园文化活动，引导中职生积极参与线下社交活动。

2. 完善网络监管机制

建立健全网络信息审核和举报制度，保障网络信息的真实性和安全性。加强对中职生网络社交媒体使用情况的监测和评估，及时发现和解决问题。

3. 提供心理健康支持

设立心理咨询服务中心，为存在网络社交问题的中职生提供专业的心理疏导和帮助；开展心理健康教育和宣传活动，增强中职生的心理健康意识，提高自我调节能力……

结论

本次调查显示，网络社交媒体已成为当代中职生生活中不可或缺的一部分。然而，过度使用或不当使用也会带来一系列问题。因此，中职学校和相关部门应采取有效措施加强引导和管理，促进中职生健康、理性地使用网络社交媒体……

计算机专业一班 ×××

×年×月×日

# 学习单元 10.2　个人简历与工作日志

## 10.2.1　个人简历

### 1. 个人简历的概念

个人简历是求职者向用人单位用简洁的语言、直观的形式，列出自己的教育背景、能力优点、求职意向，以期求得工作岗位的一种文书。

### 2. 个人简历的内容和结构

（1）标题。一般可以由姓名 +“简历”构成。

（2）基本情况。姓名、性别、政治面貌、联系方式等。

（3）求职目标。具体的求职岗位，如行政秘书、会计等。

（4）教育背景。按时间顺序列出各个学历的学校、专业和主要课程，所参加的各种专业知识学习和技能培训。

（5）专业技能。列举和就业岗位相关的专业能力。

（6）工作（实践）经历。按时间顺序列出参加工作至今所有的就业或实习记录，包括公司 / 单位名称、职务、就任及离任时间；应突出所任每个职位的职责、工作性质等。这是简历的重点部分。

（7）荣誉与成就。所获得的重要奖项、成果等。

（8）其他。个人特长及爱好、其他技能、自我评价等。

（9）通联方式与备注。电话号码、E-mail、QQ、通信地址、邮政编码等。

（10）封面的通联方式必须和内文的一致。

### 3. 个人简历的基本要求

（1）整洁。一份整洁大方的简历能给人留下良好的第一印象。

（2）简明。简洁明了的简历能让招聘者在几分钟内看完，并留下深刻印象。

（3）准确。简历中的名词和术语正确而恰当，没有拼写错误和打印错误。

（4）诚实。简历内容实事求是，不弄虚作假。

### 4. 个人简历范文

| | | | | | |
|---|---|---|---|---|---|
| 姓名 | ××× | 性别 | 女 | 民族 | 汉 |
| 政治面目 | 团员 | 学历（学位） | 中专 | 专业 | 公关文秘 |
| 联系地址 | 北京市东城区××大街10号 | | 电话 | 1891234×××× | |
| 教育背景 | 毕业院校：××××<br>所学课程：秘书学、文秘写作、公关实务、谈判学、人际心理学、公共关系、公关语言、应用文写作、政治经济学、哲学、外国文化史、档案管理学、中国文化史等。<br>另：其他培训情况<br>现正进修行政管理本科学历和英语二学历。且本人有驾驶执照。 | | | | |
| 工作经历 | ×年×月—×年×月 ×××公司<br>职位：办公室秘书<br>负责文档管理，文书写作，文件打印，机票、酒店预订工作及其他外联工作；协助负责人进行重要日程安排；协调同其他各部门的关系，做好沟通工作；收发来往信件，订购办公用品及其他办公事务。 | | | | |

续表

| | |
|---|---|
| 个人简介 | 经过半年多的实训，我深深体会到秘书工作的重要性，并爱上了这份工作。这是一个需要更多责任心和细心去完成的工作。我使用五笔输入法，录入速度每分钟100字以上；英语的听、说、读、写能力达到四级水平；善于进行社交活动，有组织各种文艺活动的经验；能熟练地运用 Word、Excel、Exchange、Photoeditor、PowerPoint、FrontPage、Ulead Photo Express 等软件的各种功能进行高效的办公室日常工作。本人工作认真负责，一丝不苟，具有很强的责任心和进取心。 |
| 业余爱好 | 爱好广泛，是公司的文艺骨干。 |
| 本人性格 | 温和、谦虚、自律、自信。 |
| 另 | 最重要的是能力，相信贵公司会觉得我是此职位的合适人选。 |

## 10.2.2 工作日志

### 1. 工作日志的写作说明

（1）工作日志大致包括三方面内容：今日工作、明日工作、遗留问题。

（2）工作日志的写作要求。

①今日工作。记录当日工作完成情况、重大事件及问题的处理，需要向上汇报、协调解决的工作，以及在工作中总结和反思出的好的做法、经验、改进意见等；工作未完成的原因。

②明日工作。记录明天的工作计划。

③遗留问题。今日工作遗留下来的问题或工作，可以是明天即将完成的，也可以是需要较长时间完成的。将其记录下来，以备忘记时查阅。

④工作日志内容要实事求是，所写所记是其所为。

⑤工作日志应言简意赅，重点突出，避免重复琐碎。

⑥工作日志应简洁明了，写明工作处理的时间、地点、过程及结果等。

### 2. 工作日志的格式

工作日志的格式是不固定的，从文本格式而言，有文字式和表格式两大类。

（1）文字式。即按时间顺序，采用文字描述的方式，将当天所发生的主要事情记录下来。采用这种格式记日志，多是员工本人的自觉要求，能体现员工本人工作的主动性和能动性。写作时，以叙述为主，辅以适当的分析与反思，或夹叙夹议，或先叙后议；行文比较自由、灵活。

（2）表格式。表格没有统一的格式，员工可以根据自己工作的特殊性自行设计，供本人单独使用。但不少单位或组织使用统一的表格。如果采用统一的表格，则需要在职业岗位分析的基础上，设计一份具有普适性和可操作性的工作日志空表，并对表格的使用做出说明。采用统一的表格，其突出的好处是，不仅便于员工填写，而且便于管理者阅读和分析，从而了解员工的工作现状和进程，提炼所需要的信息。一些信息化管理比较先进的企业，自行开发或使用了工作日志软件，实现了工作日志的电子化管理。

### 3. 撰写工作日志的注意事项

（1）要及时记录。工作日志，顾名思义，是一天的工作记录，必须在当天完成。可以随时记录，也可以在下班前集中完成，以确保记录内容的真实性，有助于控制工作进度。

（2）要突出重点。工作日志看似流水账，但又不能完全地平铺直叙。在记录时，既要体现过程，又要突出重点，关注细节，体现关键，这样才能使日志成为有价值的材料。

（3）要有分析和反思。记工作日志，并非要对当天工作中的每一件事情都要进行分析和反思，而是要对所碰到的一些难题、自己工作中的得失、工作中所习得的新的方法等进行分析和反思。这样才能使日志不空洞，有价值。日积月累，自然能提高自己的工作能力。

### 4. 工作日志范文

<table>
<tr><th colspan="3">工作日志</th></tr>
<tr><td rowspan="2">×年<br>×月<br>×日</td><td>工作<br>内容</td><td>上午<br>9: 00 ~ 9: 30，参加晨会，与团队成员讨论项目进展情况和当天的工作计划。<br>9: 30 ~ 11: 00，整理客户资料，更新客户信息表，并安排与客户的电话沟通时间。<br>11: 00 ~ 12: 00，与客户进行电话沟通，了解客户需求和反馈，记录客户意见和建议。<br>下午<br>13: 00 ~ 14: 30，参加项目会议，与团队成员一起讨论项目方案的细节和实施计划。<br>14: 30 ~ 16: 00，根据会议结果，修改项目方案，并制订详细的工作计划和时间表。<br>16: 00 ~ 17: 30，整理项目文档，归档相关资料，并准备明天的工作计划。</td></tr>
<tr><td>备注</td><td>今天与客户的沟通比较顺利，客户对我们的服务表示满意，但也提出了一些宝贵的建议，需要我们进一步改进。<br>在项目会议中，团队成员积极发言，提出了很多有建设性的意见和建议，项目方案更加完善。<br>明天需要继续跟进客户的需求，并根据客户的反馈调整项目方案。同时，需要着手实施项目计划，确保项目按时完成。</td></tr>
</table>

## 知识拓展

### 书写个人简历的注意事项

在写个人简历时，有许多需要注意的事项，具体如下。

（1）简洁明了。简历要简洁明了，避免冗长和复杂的句子。一般而言，简历的长度要控制在两页以内。

（2）突出重点。简历的目的是展示你的能力和经验，因此要突出重点。例如，你可以强调你的教育背景、工作经验、技能和成就。

（3）使用行动词。在描述你的经验和技能时，尽量使用行动词，这样可以使你的简历更具活力和说服力。

（4）量化成就。尽可能地量化你的成就。例如，可以说你在某个项目中提高了多少百分比的效率，或者你管理了多少人。

（5）定制简历。针对不同的职位和公司，你可能需要定制你的简历。这意味着你需要调整你的简历的格式和内容，以适应特定的职位和公司。

（6）检查错误。在发送简历之前，一定要仔细检查是否有拼写或语法错误。这些错误可能会给雇主留下不好的印象。

（7）使用适当的字体和大小。选择易读的字体和合适的字号，以确保你的简历易于阅读。

（8）写明联系方式。在简历的顶部，写上你的姓名、地址、电话号码和电子邮件地址。

（9）避免使用缩写。除非缩写是被广泛接受的，否则尽量避免在简历中使用缩写。

（10）保持专业。无论你申请的是什么类型的工作，都要保持专业。这意味着你的简历应该看起来专业，并且没有任何不适当的内容。

## 学习案例

| | | | |
|---|---|---|---|
| ××× 的简历<br>求职意向：教师 | 出生年月 | 1992.03 | 一寸照 |
| | 居住地 | 北京市朝阳区 | |
| | 联系电话 | 138-0000-0000 | |
| | 邮箱 | 22443300@qq.com | |

续表

| 教育背景 | 所获证书 |
| --- | --- |
| ×年×月—×年×月 广州飞扬师范学院 英语（本科）<br>主修课程：英语视听、英语口语、英语阅读、英语写作、英语语法、综合英语等。 | 初级中学英语教师资格证<br>英语四级证书<br>普通话二级甲等证书<br>全国计算机一级等级证书 |
| **实践经历** | **技能水平** |
| ×年×月—×年×月 广州飞扬师范分校 英语教师<br>● 负责现代新理念英语教学；开展少儿英语户外活动；组织少儿英语学员的家长会，与家长们探讨了关于孩子的教育等问题。<br>● 组织开展了亲子元旦游园活动，取得了圆满成功。<br>×年×月—×年×月 广州飞扬中小学校 支教（实习）<br>● 担任七年级的英语教学工作、班主任工作；同时担任小学一至六年级的书法教学。<br>×年×月—×年×月 中小学生英语 家教/志愿者<br>● 家教工作获得好评；志愿者工作，开展关爱残障儿童和老人的活动，为他们表演节目。 | WORD<br>★★★★☆<br>EXCEL<br>★★★★☆<br>PPT<br>★★★☆☆<br>PS<br>★★☆☆☆ |
| **自我评价** | **兴趣爱好** |
| ● 个人介绍：大学期间尊敬师长，团结同学，乐于助人，是老师的好帮手、同学的好朋友；学习认真刻苦，积极参加各种社会活动，抓住每一个机会锻炼自己；希望找一份与专业相关的工作，并且在实践中不断学习、进步。<br>● 工作方面：本人热爱祖国、热爱教育事业，立志于教育行业，崇敬教育职业精神；在教学方法上循循善诱，大胆创新，注重培养学生独立思考问题的能力，并能很好地处理师生关系。<br>● 性格方面：性格开朗活泼、思维严谨、乐观豁达、有亲和力、容易相处，团队荣誉感强。 | 唱歌、画画、看书、音乐 |

◆ 案例分析

这份简历充分展现了求职者个人基本信息和能力素养，先前的教育经历与工作经验相符，同时也与求职岗位契合，是一份合格的简历。

## 小结

学习情境 10 主要介绍了一些常用应用文的写作，包括实践报告、调查报告、个人简历、工作日志。

实践报告是在完成一定的实践活动后撰写的书面报告，旨在描述、总结和反思实践过程及其结果。

调查报告是对某项工作、某个事件、某个问题，经过深入细致的调查后，将调查中收集到的材料加以系统整理、分析研究，以书面形式向组织和领导汇报调查情况的一种文书。

个人简历的根本功能在于尽可能地吸引招聘单位的注意力，让负责招聘的人对求职者产生兴趣和好感，并邀请求职者参加面试。

撰写工作日志的注意事项：要及时记录；要突出重点；要有分析和反思。

## ◎ 单元小练

1. 填空题

（1）工作日志大致包括三方面内容：________、________、________。

（2）个人简历的基本要求有：________、________、________、________。

2. 简答题

（1）一份完整的实践报告应由哪些部分组成？

（2）调查报告的内涵和功能是什么？

# 附录 参考答案

## • 学习情境 1 书信

1. 填空题

（1）称呼 正文 落款

（2）介绍性 客观性 简明性

2. 简答题

（1）正文要在称呼写完后另起一行，空两格书写。要针对对方所要求的要点写，要求证明什么问题就证明什么问题，无关的不写。如证明的是某人的历史问题，则应写清人名、何时、何地及所经历的事情；若要证明某一事件，则要写清参与者的姓名、身份及其在此事件中的地位、作用和事件本身的前因后果，也就是要写清人物、事件的本来面目。正文写完后，要另起一行，顶格写上“特此证明”四个字（也可直接写在正文结尾处）。

（2）①上级单位或个人对下级单位或个人所发的贺信。上级行政部门、公司领导可以在节日时向下级单位或所属企业的职工、群众发出贺信，也可以在下级单位或个人在取得了巨大成绩时发出贺信。一般而言，贺信在表示祝贺的同时，还要提出希望和要求。

②同级单位之间发出的贺信。为了加强不同单位之间的交往和合作，增强了解，互相学习，同级单位之间往往在节日到来之时，或在对方于某一方面有了较大的发展和取得成绩时，发出贺信，既表示祝贺，又给予鼓励。

③下级单位、职工给领导机关的贺信。这种贺信除了表示祝贺之外，还表示下级单位或个人对完成某项任务的决心。

④给著名人物的贺信。如行政机关、企事业单位、社会团体和领导人，在本单位或社会上著名或重要的人物，如科学家、艺术家、领导人寿辰时发出的贺信。这种贺信一般表示发信人的真诚祝愿、美好祝福。

## • 学习情境 2 条据

1. 填空题

（1）说明事项 留置交与

（2）手续清楚 直接面交

2. 简答题

（1）请假条由标题、称谓、正文、落款四个部分构成。

①标题。标题即“请假条”三个字，在第一行居中书写。

②称谓。另起一行，顶格写请假受理人或部门，后加冒号。

③正文。另起一行，空两格书写。正文中要写清楚请假原因和请假具体时间。最后写“请批准”等请假辞。

④落款。右下角签上请假人的姓名，并写上请假日期，二者均单独成行。

（2）借条的写作注意事项包括以下四点。

①凡借条中涉及数量的字均要大写，用汉字“零壹贰叁肆伍陆柒捌玖拾佰仟万”表示。数字前后不得隔太大空间，不得以数字作行尾或行头。整数后要加“整”字，以防涂改或添加。以十位开头的数字，在“拾”前必须加上基数词，如“18”应写成“壹拾捌”而非“拾捌”。所借之物要写明品牌，用准量词；所借之钱必须写明币种。

②归还日期必须是“××时间之内”或“××时间之前”，不可是“××时间之后”。是全部归还，还是归还一部分，必须写清楚。

③书写时要用蓝黑墨水，以防止褪色，有利于长时间保存。

④特别注意，利率如果高于银行同期贷款利率的4倍，法律不予支持。一旦有争议，便得不到法律保护。

## • 学习情境3　书表

1. 填空题

（1）某项工作　某项任务

（2）社会团体　固定格式

2. 简答题

（1）申请书应具备“三要素”：申请事项、申请条件、申请理由。

①申请事项。要写得具体、准确。

②申请条件。要符合申请所要求的各种条件。

③申请理由。要充分，尽可能详细、全面，以使受文者透彻地了解申请者的意愿、要求等具体情况，以便研究处理。

同时，申请书的语言要准确、朴素、简明、扼要、恳切。

（2）①决心书都是单方的。决心书用于个人对组织和领导、下级对上级表决心，不要求上级给予答复。

②决心书的公开性。决心书可以公开张贴发表。由于它是向上级或组织表达一种决心，同时也希望组织、领导和上级机关给予监督指导，所以往往是公开的。

③书信体格式，一般分项列出。整体而言，决心书是以书信体的形式存在的。它有受文单位。行文通常分项、分条，依据一定的序列。这种写法便于组织、领导和机关各部门届时清楚明了地给予监督和指导。

## 学习情境 4　礼仪文书

1. 填空题

（1）请帖　礼仪性书面信函

（2）格律诗　韵律

2. 简答题

（1）①严谨、准确。请柬的文字很少，务求严谨、准确，一定要写清被邀请者的姓名、身份，邀请的事由及应注意的事项等内容。特别要逐一核对时间、地点和人名等项内容，做到清晰明了，避免差错。

②语言达雅兼备。“达”就是通顺、明白，不至于让被邀请者产生歧义；“雅”就是讲究文字美，根据具体场合、内容、对象，采用得体客气的措辞，要求做到优美、典雅、热情、庄重、友好，使被邀请者感到愉快和温暖，切忌使用乏味及浮华的语言。

（2）祝词一般由标题、称谓、正文和结尾组成。

①标题。祝词的标题常见的有三种类型。其一，用文种作标题，即《祝词》。其二，由致辞者、事由和文种，或事由和文种组成，如《×× 在新年茶话会上的祝词》《×× 学校校庆典礼上的致辞》。其三，正副标题式，一般用于大型会议。正标题标明致辞的内容，副标题则由会议名称和文种组成，如《开创进取，走向更大的胜利——60 周年校庆典礼致辞》。

②称谓。在标题的下一行顶格写被祝贺者的名称，或者写与会者的名称。祝贺个人，按一般书信称谓写；祝贺集体，常用泛称，如“各位来宾”“各位朋友”等。祝词的称谓要用全称，语气要亲切。

③正文。在称谓下一行空两格写正文，一般分三个层次写。

第一层，祝贺语。在什么样的一个特殊的时刻，向祝贺对象致意，表示热烈祝贺、欢迎、感谢或敬意、问候。如会议祝词，写“向大会表示热烈的祝贺”；如节日祝词，写“当 2024 年来临的时候，我向同学们致以节日的祝贺”；如寿辰祝词，写“在您 80 寿诞的日子里，请接受学生衷心的祝愿”等。

第二层，主体。这部分是祝词的重点，要写明为什么祝贺、祝贺什么、祝贺的意义等。不同的祝词，主体内容各不相同。如会议性的祝词要写出会议的意义；庆贺性的祝词要说明受贺者的业绩及其意义；寿辰祝词要写出受贺者的良好形象，赞颂其贡献和精神品质。

第三层，再次写表示祝愿、希望、祝贺之语，给被祝贺者以鼓励。

④结尾。正文结束后，常用一句礼节性的祝颂语结束全文，如“预祝会议圆满成功”“预祝工程早日竣工”等。

## 学习情境 5　启告文书

1. 填空题

（1）媒体　公众

（2）公开 传媒

2. 简答题

（1）①电影海报。这是影剧院公布演出电影的名称、时间、地点及内容介绍的一种海报。这类海报有的还会配上简单的宣传画，将电影中的主要人物、画面形象地绘出来，以增强宣传的力度。

②文艺晚会、杂技、体育比赛等海报。这类海报同电影海报大同小异，它宣传的是观众可以身临其境进行娱乐观赏的演出活动。这类海报的设计往往要新颖别致，引人入胜。

③学术报告类海报。这是一种为宣传一些学术性的活动而发布的海报，一般张贴在学校或相关的单位。学术类海报具有较强的针对性。

（2）声明是国家机关、社会团体、企事业单位或个人在日常生活、工作中，为维护自身权益而就某一重要问题或某些具体事务向公众公开表明立场、观点和态度或发表主张的应用文体。

声明一般分为两类。一类是为维护自己的合法权益、引起公众的关注，并要求侵害行为立刻停止的声明；另一类是在遗失了重要证件或凭据、证明等时，为防止别人冒领或滥用而发表的声明。

## • 学习情境 6　宣传文书

1. 填空题

（1）表现手法

（2）真实性 时宜性

2. 简答题

（1）①主题要明确。有了明确的主题，取舍材料才有标准，起笔、过渡、高潮、结尾才有依据。

②材料要精当。按照主题思想的要求，去掂量材料、选取材料；把最能反映事物本质的、具有典型意义的和最有吸引力的材料写进去。

③写人离不开写事，写事为了写人。写人物通讯固然要写人，但是写事件通讯、概貌通讯、工作通讯，也离不开写人。当然，写人也离不开写事。离开事例、细节、情节去写人，势必写得空空洞洞。

④角度要新颖。写作方法要灵活多样，既可以叙述，也可以描写、议论，还可以穿插人物对话、自叙和作者的体会、感受；既可以用第三人称的报道形式，也可以写成第一人称的访问记、印象记或书信体、日记体等。通讯所报道的新闻事实，可以从各个不同的角度去观察、去反映。诸如，正面、反面、侧面、鸟瞰、平视、仰望、远眺、近看、俯首、细察……角度不同，印象各异。若能精心选取最佳角度去写，往往能使稿件陡增新意，引人入胜。

（2）①按评论对象的内容分类，新闻评论有政治评论、军事评论、经济评论、社会评论、文教评论、国际评论。应说明的是，诸如文艺评论、体育评论、戏曲评论等专业性较强的评论文章，一般不当作新闻评论，因为这些评论内容更侧重于讨论技术、艺术层面的问题，时效性较弱。

②按评论的性质功用分类，新闻评论有解说型评论、鼓舞型评论、批评型评论、论战型评论等。

③按评论的表达方式、作者身份和郑重程度的不同，新闻评论可分为社论、编辑部文章、评论、本报评论员文章、短评、编后、编者按、思想评论、专栏评论、新闻述评、论文、漫谈、专论、杂感等。

## 学习情境 7 法律文书

1. 填空题

（1）司法行政机关 非规范性文件

（2）真实性 合法性

2. 简答题

（1）①诉讼事实的真实性。原告人在书写起诉状时，必须严格忠于事实的真相，严格分析所争执的事实，要把握关键，层次清楚，责任明确。

②列举证据的确凿性。起诉状中所举证据，必须真实可靠。证据要经过检查，核实对照，做到真实无误。

③阐明理由的合理、合法性。阐述理由要有理有据，观点明确，论据充分，援引法律条文和国家有关政策，必须准确、适当。

④内容表达的条理性。首先，整个结构的安排有条理；其次，列述事实要有逻辑顺序，要按照其事理的逻辑顺序表述。

（2）授权委托书的基本内容，应包括以下几个方面。

①委托人和受托人的姓名、性别、出生日期、职业、现住址。如果委托人是法人，则应写明法人的全称、地址、法定代表人姓名等情况。

②委托的事项一定要写得明确、具体。应注意的是，在民事代理中，代理人受托的事项必须是具有法律意义的、能产生一定法律后果的民事行为。《中华人民共和国民法典》第一百六十一条第二款明确规定："依照法律规定、当事人约定或者民事法律行为的性质，应当由本人亲自实施的民事法律行为，不得代理。"如具有人身性质的遗嘱、收养子女、婚姻登记等法律行为。

③委托的权限范围，是代理人实施代理行为有效的依据，律师代书时一定要写明确。在民事代理中，委托人授予代理人代理权的范围有三种情况。一是一次委托，即代理人只能就受托的某一项事务办理民事法律行为；二是特别委托，即代理人受托在一定时期内连续反复办理同一类性质的民事法律行为；三是总委托，即代理人受托在一定时期内办理有关某类事务或某一种标的物多种民事法律行为。

## • 学习情境8 契约文书

1. 填空题

（1）合作意愿 合作目的

（2）变更 终止

2. 简答题

（1）①合法性。合同双方当事人应具有合法资格，应具有相应的民事权利能力和民事行为能力。合同的内容、订立必须遵守国家有关法律和行政法规，只有合法的合同才被法律承认有效，受到保护。

②规范性。合同的内容和形式都须规范化。只有规范的合同，才能做到有章可循，有据可查，防止歧义，避免纠纷，确保合同各方当事人的合法权益。

③制约性。合同双方当事人的地位平等，其相互的权利、义务是对等的，相互制约的双方既享受权利，又要尽义务。如遇特殊情况，需要变更或解除合同，则必须按法律规定的条件和程序，经各方协商，达成新的协议。

④准确性。合同中的数量和条款不能含糊其词，一定要非常准确，以免以后说不清楚。

（2）①标题。协议书的标题，一般是标出协议书的性质和内容，如《代理协议书》《拆迁协议书》。

②开头。开头要写明签订协议当事人的姓名或企业名称及法定代表人姓名。为了行文方便，规定某一方为甲方，另一方为乙方。

③正文。正文是协议书的主要部分。正文部分必须写明当事人双方所议定的事项，写清楚当事人双方各自承担的义务和所享受的权利。这些内容通过以下条款来表达，其形式与合同基本相同：A. 标的；B. 数量；C. 质量；D. 价款或者报酬；E. 履行的期限、地点和方式；F. 违约责任。除此之外，正文部分还要写明本协议一式几份，由谁保管；注明协议的附件、有效期限。

④落款。落款部分应写明签订协议书的当事人双方的单位名称及法定代表人姓名，或自然人姓名，均需加盖印章，还要写上签订协议书的日期。

## • 学习情境9 公文

1. 填空题

（1）标题 通过日期 正文

（2）表彰先进 传达重要精神或者情况

2. 简答题

（1）公文区别于其他文章的主要特点是，公文是具有法定效力与规范格式的文件。具体表现为以下三点。

①公文的制作者是依法成立的组织。

②公文具有特定效力，用于处理公务；公文具有行政机关赋予的特定的效能和影响力。

③公文具有规范的结构和格式。各种类型的公文都有明确规定的格式，而不是像私人文件主要靠各种“约定俗成”的格式。

（2）批复按内容分，有以下三类。

①请求指示性批复。请求指示性批复是对下级机关领会不准或不甚了解的国家的有关方针、政策或上级机关的有关规定、决定做出的解释性、指示性的答复。

②请求批准性批复。请求批准性批复是对下级机关请求办理或请求处理的事项表明态度的答复。

③请求支持、帮助性批复。请求支持、帮助性批复是针对下级机关在遇到难以解决或无力克服的困难时提出请求支持或帮助的请示所做的答复。

## 学习情境 10　其他常用应用文

1. 填空题

（1）今日工作　明日工作　遗留问题

（2）整洁　简明　准确　诚实

2. 简答题

（1）一份完整的实践报告应由报告题目、学院及作者名称、正文、结束语组成。

（2）①调查报告的内涵。调查报告是对社会和自然生活中的各种情况、问题进行深入调查，通过定性定量的分析、总结后，形成的书面报告。

②调查报告的功能。调查报告是实际工作中广泛使用的应用研究文体。它的功能，一是提供信息，交流情况，为上级决策提供依据；二是传播推广经验，借鉴吸取教训，促进工作顺利进行，提高工作效率；三是研究和发现现实中的重大问题，探索其中的本质和规律，提出解决问题的设想和建议。

# 参考文献


[1] 李德胜，欧增益 . 应用文写作教程 [M]. 天津：天津教育出版社，2013.

[2] 何晖，梁松林 . 应用文写作基础 [M]. 上海：上海科学普及出版社，2007.

[3] 温迎军 . 新编现代应用文写作全书 [M]. 北京：光明日报出版社，2004

[4] 杨安翔，赵锁龙 . 现代应用文写作教程 [M]. 南京：东南大学出版社，2004.

[5] 邱小林，杨秀英，冷超群 . 新应用文写作 [M]. 北京：北京理工大学出版社，2011.

[6] 康贻祥 . 现代应用文写作大全 [M]. 北京：金城出版社，2003.

[7] 杨巧云，钟德玲 . 现代应用文写作 [M]. 北京：清华大学出版社，2010.

[8] 李广明 . 新编应用文写作范文大全 [M]. 北京：当代世界出版社，2010.

[9] 苏娅 . 常用应用文写作指要 [M]. 呼和浩特：内蒙古大学出版社，2004.

[10] 张文英 . 新编应用文写作教程 [M]. 天津：南开大学出版社，2010.

[11] 岳海翔 . 应用文书写作要领与范文 [M]. 北京：中国言实出版社，2008.